Der

Prophet

Jesaia.

Neu übersetzt

von

Wilhelm Gesenius,

Königl. Preuss. Consistorialrathe, Doctor und ordentlichem
Professor der Theologie zu Halle.

Zweyte verbesserte Auflage.

zuvor veröffentlicht von:

Leipzig 1829

bey Friedr. Christ. Wilh. Vogel.

ISBN: 978 90 5719 520 4
Importantia Scan & Print
www.importantia.de

Vorrede.

___

Wiewohl von dem ersten, die Uebersetzung enthaltenden, Theile meiner Bearbeitung des Jesaia zum Behuf derer, welche ihn insbesondere neben gehörten Vorlesungen über den Propheten ohne den Commentar zu besitzen wünschten, eine etwas grössere Zahl von Exemplaren abgezogen worden, so ist doch von diesem frü-

her, als von dem Commentar eine neue Auflage
nöthig geworden, bey welcher ich mir eine sorg-
fältige Durchprüfung der Uebersetzung und die
Benutzung dessen zur Pflicht gemacht habe, was
ich seit ihrer ersten Erscheinung für die Aus-
legung des Schriftstellers zugelernt zu haben
glaube.

Was die Form der Uebertragung betrifft, so
bin ich allerdings meinen frühern Grundsätzen
treu geblieben; doch habe ich mich bemühet, das
dem Original, wenigstens in den echtjesaianischen
Stücken, eigene Kraftvolle, Gedrungene, Feyer-
liche auch in der Uebersetzung mehr wiederzugeben, eben so sehr aber auch für Pflicht der
Treue gehalten, da wo dasselbe durch die stete
Wiederkehr gewisser Phrasen, z. B. „und es geschieht an jenem Tage" etwas gedehnt und schlep-
pend wird, dieses in der Uebersetzung nicht will-

kührlich zu verwischen. Sorgfältiger, als von den
meisten bisherigen Bibelübersetzern ist ferner auf
die in den Partikeln liegende Verknüpfung der
Sätze geachtet worden: auch sind die Paronomasien und Wortspiele überall, wo sie vorkommen,
wiedergegeben, und wünschte ich über das Ge-
lingen dieser Nachbildung vorzüglich das Urtheil
von Männern zu hören, die wie Rückert im
Hariri ihre Meisterschaft in Wiedergebung des
morgenländischen Reims in unserer Muttersprache
bewährt haben.

Rücksichtlich der der Uebersetzung zum
Grunde liegenden Erklärung bin ich, wie schon
bemerkt, in einer Anzahl von Stellen von der
früher gegebenen abgewichen. Wo die Gründe,
zum Theil schon aus den neuen Ausgaben meines
Wörterbuches, leicht erhellten, habe ich dieses
nicht weiter bemerkt; einige wesentlichere Ab-

weichungen wird man zu Ende dieses Bändchens motivirt finden, und mögen diese Bemerkungen als eine kleine Ergänzung des Commentars betrachtet werden.

Halle, den 1. Febr. 1829.

Der Verfasser.

Das

Buch Jesaia.

Eckige Parenthesen-Zeichen [ ] *bedeuten, dass die eingeschlossenen Worte wahrscheinlich unächt sind.*

Runde Parenthesen-Zeichen ( ), *dass die Worte zur Ergänzung des Sinnes eingeschoben sind.*

Wo der Text eine wirkliche Parenthese enthält, ist diese in zwei Gedankenstriche eingeschlossen.

Cap. I — XII.

Weissagungen des Jesaia, grösstentheils aus der früheren Zeit.

Cap. I, 1.

Ueberschrift.

1. Weissagungen des Jesaia, des Sohnes Amoz, welche ihm offenbaret wurden über Juda und Jerusalem, in den Tagen Usia's, Jotham's, Ahas, Hiskia's, der Könige von Juda.

Cap. I, 2—31.

Strafrede an das abtrünnige Volk.

2. Höret, ihr Himmel, merk' auf, o Erde;
denn Jehova redet!
Kinder habe ich auferzogen und genähret,
und sie sind von mir abgefallen.
3. Das Rind kennt seinen Besitzer,
der Esel die Krippe seines Herrn,
aber Israel kennt ihn nicht,
mein Volk merkt nicht auf ihn.
4. Schande dem sündigen Lande *), dem Volke schwe-
rer Missethat,
der Brut von Bösewichtern, den verderbten Kindern!
Sie haben Jehova verlassen, verachtet den Heiligen
Israels, sind zurückgewichen.

---

*) Paronomasie : הוֹי גּוֹי.

5. Wohin soll man euch fürder schlagen,
   da ihr den Abfall mehrt?
   Das ganze Haupt ist krank, das ganze Herz ist siech.
6. Von der Fusssohle bis zum Haupt ist nichts Heiles an ihm,
   Wunden, Striemen und frische Schläge,
   nicht ausgedrückt, und nicht verbunden, und nicht
   mit Oel erweicht.
7. Euer Land ist eine Wüste,
   eure Städte sind mit Feuer verbrannt,
   euren Acker verzehren Feinde vor euren Augen,
   eine Wüste ist's, als von Feinden verheert.
8. Und übrig ist die Tochter Zions, wie eine Hütte
   im Weinberge,
   wie eine Nachthütte im Gurkenfelde,
   so die gerettete Stadt.
9. Hätte Jehova der Heerscharen uns nicht den kleinen Rest gelassen,
   wie Sodom wäre es uns ergangen,
   Gomorrha glichen wir.

10. Hört Jehova's Wort, ihr Sodomsfürsten,
    merkt auf die Lehre unseres Gottes, ihr Gomor-
    rha-Volk.
11. Wozu mir die Menge eurer Opfer, spricht Jehova,
    ich bin satt der Brandopfer von Widdern und des
    Fettes der Mastkälber,
    des Blutes von Farren und Lämmern und Böcken
    begehre ich nicht.
12. Wenn ihr kommt, vor mir zu erscheinen,
    wer verlangt das von euch, dass ihr meine Vor-
    höfe zertretet?
13. Bringt nur nicht mehr das heuchlerische Opfer,
    das Rauchwerk ist mir ein Greuel,
    Neumond und Sabbath und Festversammlung;

ich mag nicht Frevel und Feste.

14. Eure Neumonden und eure Feste hasst meine Seele,
    sie sind mir zur Last,
    ich bin's zu tragen müde.

15. Wenn ihr schon eure Hände ausbreitet,
    verhüll' ich meine Augen vor euch,
    und ob ihr viel betet, höre ich doch nicht —
    eure Hände sind voll Blut.

16. Waschet euch, reinigt euch,
    schaffet eure bösen Werke mir aus den Augen,
    hört auf zu freveln.

17. Lernt Gutes thun, trachtet nach Recht, leitet den
    Frevler,
    schaffet dem Waisen Recht, führt die Sache der
    Witwe.

18. Wohlan denn und lasst uns rechten, spricht Je-
    hova.
    Wenn gleich eure Sünden wie Scharlach sind, sollen
    sie weiss werden, wie Schnee,
    sind sie auch roth, wie Purpur, sie sollen wie
    Wolle werden.

19. So ihr willig seyd und gehorcht,
    sollt ihr das Mark des Landes verzehren.

20. Aber so ihr euch weigert und ungehorsam seyd,
    lass' ich das Schwert euch verzehren,
    denn der Mund Jehova's sprach's.

21. Wie ist zur Hure worden die treue Stadt,
    (sonst) der Gerechtigkeit voll,
    worin das Recht wohnte, und jetzt Mörder.

22. Dein Silber ist zu Schlacken worden,
    dein Wein mit Wasser gefälscht.

23. Deine Vorgesetzten sind widersetzlich*) und Diebes-
    gesellen,

---

*) Im Original das Wortspiel: שָׂרַיִךְ סוֹרְרִים.

ein jeder liebt Bestechung, jagt nach Lohn,
dem Waisen schaffen sie nicht Recht,
der Witwe Sache kommt nicht vor sie.

24. Darum spricht der Herr, Jehova der Heerscharen,
     der Starke Israels:
Wehe! ich will mich letzen an meinen Wider-
     sachern,
Rache nehmen an meinen Feinden.

25. Und will meine Hand gegen dich wenden,
und rein ausschmelzen deine Schlacken,
wegschaffen all' dein Bley,

26. Und dir wieder Richter geben, wie zuvor,
und Räthe wie im Anfang.
Dann wirst du heissen: die Stadt der Gerechtigkeit,
     die treue Stadt.

27. Zion wird durch Recht gerettet,
und seine bekehrten Bürger durch Gerechtigkeit.

28. Aber Untergang trifft die Abtrünnigen und Sünder
     allzumal,
und die Jehova verlassen, kommen um.

29. Denn zu Schanden wird man an den Terebinthen-
     Hainen, die eure Lust sind,
zu Schanden wird eure Hoffnung auf die Gärten,
     die ihr liebt.

30. Und euch geht es wie einer Terebinthe, deren
     Blätter welken,
wie einem Garten, worin kein Wasser ist.

31. Der Gewaltige wird das Werg seyn,
und seine That der Funke,
beides verbrennt allzumal, und niemand löscht.

Cap. II. III. IV.

Strafrede gegen Ueppigkeit und Abgötterey der Vor-
nehmen, angedrohte Strafen und Hinblick auf ein
goldenes Zeitalter.

II, 1. Der Ausspruch, welcher offenbart ward Jesaia,
dem Sohne Amoz, über Juda und Jerusalem.

2. Und es begibt sich in der Folgezeit,
dass der Berg des Gottes-Hauses hoch emporragt
über die Berge
sich erhebet über die Hügel,
und zu ihm strömen alle Völker.

3. Und es kommen viele Nationen und sagen:
„Auf, lasst uns hinanziehen zum Berge Jehova's,
„zum Hause des Gottes Jakobs,
„dass er uns lehre seine Wege,
„und wir wandeln auf seinen Pfaden!"
Denn von Zion geht das Gesetz aus,
und das Wort Jehova's von Jerusalem.

4. Und er wird ein Richter der Völker,
Schiedsrichter vieler Nationen.
Dann schmieden sie ihre Schwerter zu Karsten,
und ihre Speere zu Winzermessern;
nicht mehr hebt Volk gegen Volk das Schwert,
nicht üben sie fürder den Krieg.

5. Haus Jakobs, auf!
lasst uns wandeln im Lichte Jehova's.

6. Denn verlassen hast du (Jehova) dein Volk, das
Haus Jakobs,
weil sie voll sind des Morgenlandes,
und Zauberer, gleich den Philistern,
und mit fremder Brut gehn Hand in Hand.

7. Voll ist sein Land von Silber und Gold,
und kein Ende seiner Schätze,
voll ist sein Land von Rossen,
und kein Ende seiner Wagen.

8. Voll ist sein Land von Götzen;
das Werk ihrer Hände beten sie an,
was ihre Finger gebildet.

9. (Darum) wird der Niedere gebeugt und der Hohe
erniedrigt,
und du vergibst ihnen nicht.

10. Kreuch in die Felsen, vergrab dich in die Erde
vor dem Schrecken Jehova's und dem Glanz seiner
Majestät.

11. Der Menschen stolzer Blick wird gebeugt,
gedemüthigt der Sterblichen Uebermuth,
erhaben ist Jehova allein an jenem Tage.

12. Denn einen (Gerichts-) Tag hält Jehova der
Heerscharen
über alles Stolze und Hohe,
über alles Erhabene, und es sinkt.

13. Ueber alle Zedern des Libanon, die hohen und
erhabenen,
und über alle Eichen von Basan.

14. Ueber alle die hohen Berge
und über alle erhabenen Hügel.

15. Ueber jeglichen hohen Thurm
und über jegliche schroffe Mauer.

16. Und über alle Tarsis-Schiffe,
und über alles, was köstlich anzusehen.

17. Gebeugt wird der Stolz der Menschen,
gedemüthigt der Sterblichen Uebermuth,
erhaben ist Jehova allein an jenem Tage.

18. Und mit den Götzen ist es gar aus.

19. Man kriecht in Felsenhöhlen und Erdklüfte,

vor dem Schrecken Jehova's und dem Glanze seiner
        Majestät,
wenn er sich erhebt, und die Erde bebt *).

20. An jenem Tage werfen die Menschen
    ihre silbernen Götzen und ihre goldenen Götzen,
    die sie sich machten, sie anzubeten,
    den Maulwürfen und den Fledermäusen hin;

21. sich verkriechend in Felsen-Spalten und Bergklüfte,
    vor dem Schrecken Jehova's und dem Glanze seiner
        Majestät,
    wenn er sich erhebt und die Erde bebt.

22. So trauet denn nicht mehr auf die Menschen,
    in deren Nase ein vergänglicher Hauch,
    denn wofür sind die geachtet?

III, 1. Denn siehe! der Herr, Jehova der Heerscharen,
    nimmt Jerusalem und Juda jegliche Stütze,
    jede Stütze des Brods, jede Stütze des Wassers.

2. Den Helden und Kriegsmann,
    den Richter und Propheten und Wahrsager und
        Aeltesten.

3. Den Hauptmann und den Angesehenen
    und den Rath, den in Künsten Erfahrenen und den
        Zauberkundigen.

4. Und ich setze Knaben zu ihren Fürsten,
    und Kinder sollen über sie herrschen.

5. Bald bekämpft sich das Volk,
    Mann gegen Mann, Freund gegen Freund,
    trotzig drängt der Knabe den Greis,
    der Pöbel den Edelen.

6. Dann ergreift der Mann den Bruder im väterlichen
        Hause (und spricht):

---

*) Die Paronomasie: לַעֲרֹץ הָאָרֶץ lat. ut terreat terram
ist durch den Reim erhebt, bebt wiedergegeben.

„Du hast noch ein Kleid,
„du sollst unser Fürst seyn,
„nimm diese Trümmer unter deine Hand!"

7. Der aber hebt an jenem Tage an und spricht:
„ich bin kein Wundarzt;
„in meinem Hause ist nicht Brod, nicht Kleidung,
„mich setzet nicht zum Fürsten des Volkes."'

8. Denn in Trümmer stürzt Jerusalem, und Juda fällt,
weil ihre Zunge und ihr Thun wider Jehova sind,
zu reizen sein heiliges Auge.

9. Ihr frech Gesicht zeugt wider sie,
von ihrem Frevel reden sie offen, wie Sodom, un-
verholen.
Wehe ihrem Leben! denn sie bereiten sich selbst
Verderben.

10. Preiset den Gerechten, denn ihm geht's wohl,
und die Frucht seiner Handlungen wird er geniessen.

11. Wehe dem Frevler, ihm geht's übel,
denn seiner Hände Werk wird ihm vergolten.

12. Meines Volkes Bedrücker sind Kinder,
und Weiber beherrschen es.
Mein Volk! deine Führer verführen dich,
den Weg, den du wandelst, verderben sie.

13. Drum steht Jehova auf zu rechten,
er tritt auf, zu richten die Stämme.

14. Jehova geht ins Gericht mit den Aeltesten seines
Volkes und seinen Fürsten:
„So weidet ihr denn den Weinberg ab,
der Raub des Armen ist in euren Häusern!

15. „Wie konntet ihr mein Volk zertreten,
„und die Leidenden aufreiben?"
spricht der Herr, Jehova der Heerscharen.

16. Und Jehova spricht:
weil so hoffärtig sind die Töchter Zions,

einhergehen mit gerecktem Hals und frech die
Augen werfend,
trippelnden Ganges, mit den Fussspangen klirrend.
17. So wird der Herr ihre Scheitel kahl machen,
und Jehova ihre Scham entblössen.
18. An jenem Tage entrückt der Herr
den Schmuck der Fussspangen und die Netze und
die kleinen Monde.
19. Die Ohrgehänge und die Armkettchen und die
Schleyer.
20. Die Kopfbunde und die Fusskettchen und die
Gürtel,
und die Riechflaschen und die Amulete.
21. Die Fingerringe und die Nasenringe.
22. Die Feyerkleider und die Röcke, und die Mäntel
und die Taschen.
23. Die Spiegel und die Hemdchen, und die Turbans
und die Flore.
24. Statt des Balsamdufts gibt es Modergeruch,
statt des Gürtels einen Strick,
statt der gedrechselten Locken eine Glatze,
statt des weiten Mantels einen engen Sack,
Brandmale statt der Schönheit.
25. Deine Männer fallen durchs Schwert,
und deine Helden im Kriege.
26. Es klagen und trauern ihre Thore,
und verödet sitzt sie am Boden.
IV, 1. Und es ergreifen sieben Weiber Einen Mann
an jenem Tage und sagen:
„unser Brod wollen wir essen und unsere Kleider
tragen,
„nur lass uns deinen Namen führen,
„und nimm die Schmach von uns!"
2. An jenem Tage steht der Spross Jehova's herrlich
und glänzend da,

und die Frucht des Landes prächtig und geschmückt
für die Geretteten Israels.

3. Und die Uebriggebliebenen in Zion,
die Geretteten in Jerusalem,
sollen heilig heissen,
jeder der zum Leben aufgeschrieben in Jerusalem.

4. Wenn der Herr abgewaschen den Unflath der Töchter Zions,
und die Blutschuld Jerusalems getilgt aus ihrer Mitte,
richtend und vertilgend mit göttlicher Kraft;

5. Dann schafft Jehova über den ganzen Raum des Berges
Zion und seine festlichen Hallen
eine Wolke und Rauch am Tage,
und flammenden Feuerschein bei Nacht:
denn alles Herrliche wird geschirmt.

6. Eine Hütte ist er am Tage zum Schatten in der
Hitze,
und zu Schutz und Zuflucht gegen Ungewitter und
Regen.

Cap. V.

*Gleichniss vom Weinberge und dessen Anwendung auf
des Volkes Laster und deren Strafen.*

1. Lasst mich singen von meinem Freunde,
meines Freundes Lied von seinem Weinberge.
Einen Weinberg hatte mein Freund
auf einem fetten Hügel.

2. Er grub ihn um, reinigte ihn von Steinen,
bepflanzte ihn mit edeln Reben,
bauete einen Thurm hinein, auch eine Kelter grub
er darin;
und wartete, dass er reife Trauben brächte,
aber er brachte Heerlinge.

3. Wohlan denn (sprach er), Bewohner Jerusalem's
und Männer Juda's,
richtet zwischen mir und meinem Weinberge.
4. Was war zu thun mit meinem Weinberge, was ich
nicht daran gethan?
Warum, da ich auf reife Trauben hoffte,
brachte er Heerlinge?
5. Wohlan, ich will euch sagen,
was ich meinem Weinberge thun will.
Wegnehmen will ich seinen Zaun, dass er abgeweidet,
niederreissen seine Mauer, dass er zertreten werde.
6. Ich will ihm das Garaus machen,
er soll nicht beschnitten, nicht behackt werden,
aufgehen in Dornen und Disteln;
und den Wolken will ich befehlen,
dass kein Regen auf ihn falle.

7. Der Weinberg Jehova's der Heerscharen aber ist
das Haus Israel,
und die Männer Juda's die Pflanzung seiner Freude.
Er harrete auf Gutthat und siehe da Blutbad,
auf Beglückung und siehe Bedrückung *).
8. Wehe denen, die da reihen Haus an Haus,
Acker an Acker gränzen lassen,
bis kein Platz mehr ist,
und ihr allein im Lande wohnt.
9. Jehova der Heerscharen offenbarte mir:
Traun, die vielen Häuser werden zur Wüste,
die grossen und schönen unbewohnt.

---

*) Die Paronomasie des Originals: מִשְׁפָּט, מִשְׂפָּח und
צְדָקָה, צְעָקָה selbst nach Sylbenzahl und metrischer
Geltung möglichst beybehalten.

10. Zehn Joch Weinberg's werden Einen Eimer geben,
ein Malter Aussaat Einen Scheffel.

11. Wehe denen, die am frühen Morgen starkem Ge-
trank nachlaufen,
spät in die Nacht sitzen, von Wein erhitzt.

12. Sie haben Zither und Harfe, Pauken, Flöten und
Wein bei ihren Gelagen,
aber auf Jehova's Werk sehen sie nicht,
was seine Hände bereiten, merken sie. nicht.

13. Desshalb muss mein Volk wandern unversehens,
seine Edlen verhungern,
seine Reichen verschmachten vor Durst.

14. Desshalb öffnet die Unterwelt ihren gierigen Schlund,
sperrt ihren Rachen auf ohne Maass,
und hinab fährt ihre Herrlichkeit, ihr Reichthum,
ihr Toben und was darin fröhlich ist.

15. Da wird der Niedere gebeugt und der Hohe gestürzt,
und die stolzen Augen gedemüthigt.

16. Erhaben steht Jehova der Heerscharen da durch
das Gericht,
der heilige Gott wird geheiligt durch Gerechtigkeit.

17. Dann weiden Schafe, wie auf ihrer Trift,
und auf der Reichen verödeten Gefilden erndten
Fremde.

18. Wehe denen, die die Strafe herziehen an Stricken
des Lasters,
und wie mit Wagenseilen das Verderben.

19. Die da sagen: er thue nur eilig, beschleunige sein
Werk, dass wir's sehen,
es nahe nur und werde erfüllt der Rath des Heiligen
Israels, dass wir's erfahren.

20. Wehe denen, die das Böse gut nennen, und das
Gute böse,
Die Finsterniss zu Licht machen, und Licht zu
Finsterniss,

die bitter zu süss, und süss zu bitter machen.

21. Wehe denen, die weise sind in ihren Augen,
und klug in ihrem Bedünken.

22. Wehe den Helden im Weintrinken,
die stark sind in der Völlerei.

23. Die den Frevler lossprechen gegen Bestechung,
und den Gerechten ihr Recht entrücken.

24. Darum wie, die Feuerflamme Stoppel frisst,
und dürres Gras in der Flamme zusammensinkt,
so wird ihre Wurzel zu Moder werden,
und ihr Spross wie Staub auffliegen;
denn sie verachten das Gesetz Jehova's der Heerscharen,
das Wort des Heiligen Israels verhöhnen sie.

25. Darum entbrennt Jehova's Zorn gegen sein Volk,
er reckt die Hand dawider aus und schlägt es, dass
die Berge beben,
und ihre Leichname wie das Kehricht auf den Gassen liegen.
Bei all dem lässt sein Zorn nicht ab,
und seine Hand bleibt ausgestreckt.

26. Er errichtet ein Panier den Völkern in der Ferne,
und winket einem an der Erde Enden,
und siehe! eilend flugs ist es da.

27. Kein Matter und kein Strauchelnder ist darunter,
keiner schlummert und keiner schläft;
keinem geht der Gürtel seiner Lenden auf,
und keinem zerreisst ein Riemen seiner Schuhe.

28. Seine Pfeile sind geschärft,
und alle seine Bogen gespannt,
seiner Rosse Hufe gleichen Kieseln,
und seine Räder dem Sturmwind.

29. Sein Gebrüll gleicht dem der Löwin,
es brüllt wie junge Löwen,
es tobt und fasst die Beute,

trägt sie davon und niemand rettet.

30. Es tobet darob an jenem Tage gleich des Meeres
        Toben;
    schaut man aufs Land, da siehe Finsterniss,
    (bald) Angst (bald) Licht,
    es dunkelt an seinem Himmel.

Cap. VI.

Des Jesaia Berufung zum Propheten-Amte.

1. Im Todesjahre des Königs Usia, da sah ich den
Herrn sitzend auf einem hohen und erhabenen Throne
und seine Schleppen füllten den Tempel.   2. Seraphs
standen um ihn her, je sechs Flügel hatte einer, mit
zween bedeckte er sein Antlitz, mit zween bedeckte er
seine Füsse und mit zween flog er.   3. Und einer rief
dem andern zu und sprach:

    heilig, heilig, heilig ist Jehova der Heerscharen,
    die ganze Erde ist voll seiner Herrlichkeit.

4. Da erbebten die Grundfesten der Schwellen ob der
Rufenden Stimme, und das Haus ward mit Rauch gefüllt.
5. Da sprach ich: wehe mir, ich bin verloren, denn von
unreinen Lippen bin ich, unter einem Volke von unreinen
Lippen wohne ich, und habe den König, Jehova der Heerscharen, gesehen.   6. Da flog einer der Seraphs auf
mich zu, in der Hand einen glühenden Stein, den er
mit einer Zange vom Altar genommen;   7. und berührte
meinen Mund und sprach: siehe! dieses berührt deine
Lippen, und gewichen ist deine Missethat, deine Sünde
ist gesühnt.   8. Und ich hörte die Stimme des Herrn,
der sprach:

    wen soll ich senden,
    und wer wird unser Bote seyn?

Da sprach ich: hier bin ich, sende mich. 9. Und er sprach:
    Gehe und sage zu diesem Volke:

„hört nur immer, ihr werdet nichts verstehn,
„seht nur, ihr werdet es nicht einsehn.“

10. Verstocken sollst du das Herz dieses Volkes,
seine Ohren betäuben, seine Augen verblenden,
dass es nicht sehe mit seinen Augen, mit seinen
  Ohren nicht höre,
und sein Herz nicht fühle, und es sich bekehre und
  geheilt werde.

11. Da sprach ich: wie lange, Herr? Er sprach:
So lange bis die Städte verwüstet sind und unbewohnt,
die Häuser menschenleer,
und das Land verödet zur Wüste.

12. Und Jehova die Menschen weggeführt,
und der Trümmer viel worden im Lande.

13. Bleibt noch der zehnte Theil darin,
so wird er abermal vertilgt.
(Doch) wie der Terebinthe und dem Eichbaum,
wenn sie gefällt sind, noch ein Stamm zurückbleibt,
so bleibet ihm als Stamm ein heiliges Geschlecht.

Cap. VII.

Weissagung der Befreyung Jerusalems, des Unter-
gangs von Ephraim und Syrien, und des Einfalls
von Assyrien.

1. Es begab sich in den Tagen Ahas, des Sohnes Jotham, des Sohnes Usia, des Königs von Juda, dass her-
anzog Rezin, König von Syrien, und Pekah, Sohn des
Remalja, König von Israel, gen Jerusalem, um es zu
belagern, aber es kam nicht zur Belagerung. 2. Und
man verkündete dem Hause Davids: „die Syrer stehen in
Ephraim:“ da bebte sein Herz und das Herz seines Volkes, wie die Bäume des Waldes vor dem Winde erbeben.
3. Da sprach Jehova zu Jesaia: Gehe hinaus, Ahas ent-

B

gegen, du und Schear-Jaschub, dein Sohn, ans Ende der
Wasserleitung des obern Teiches, auf dem Wege zum
Wäscherfelde. 4. Und sprich zu ihm:
>   hüte dich und sey ruhig,
>   fürchte nichts und dein Herz verzage nicht
>   vor diesen beiden Enden rauchender Feuerbrände,
>   bei dem glühenden Zorne Rezins und Syriens und des
>   Sohnes Remalja.

5. Weil die Syrer auf Verderben sinnen,
>   Ephraim und Remalja's Sohn, und sagen:

6. „Lasst uns hinanziehn gen Juda, es (Jerusalem)
>   einengen,
>   „und uns öffnen,
>   „und zum König darin setzen Tabeels Sohn.‟

7. So spricht der Herr Jehova also:
>   „es wird n i c h t bestehen und nicht geschehen.

8. Sondern das Haupt Syriens (bleibt) Damascus,
>   und das Haupt von Damascus Rezin,
>   [und binnen 65 Jahren ist Ephraim zertrümmert
>   und kein Volk mehr];

9. und das Haupt Ephraims Samarien,
>   und das Haupt Samarien's Remalja's Sohn.
>   Gläubet ihr nicht, so bleibet ihr nicht.‟

10. Und Jehova sprach ferner zu Ahas also:

11. „Fordere dir ein Zeichen von Jehova, deinem Gott,
>   fordere es in der Tiefe, oder hoch in der Höhe.‟

12. Und Ahas sprach: „ich mag nicht fordern und
„Jehova nicht versuchen.‟ 13. Da sprach er:
>   Hört denn, Haus Davids,
>   ist's euch nicht genug, Menschen zu ermüden,
>   dass ihr auch meinen Gott ermüdet.

14. Darum wird der Herr selbst euch ein Zeichen geben.
>   Siehe, die Jungfrau wird schwanger werden, und
>   wird einen Sohn gebären
>   und seinen Namen nennen: Immanuel (Gott mit uns)!

15. Milch und Honig wird er essen,
      bis er lernt das Böse verwerfen und das Gute er-
          wählen.
16. Denn ehe der Knabe das Böse verwerfen und das
          Gute erwählen lernt,
      wird das Land verödet seyn, vor dessen zwei Kö-
          nigen dir graut.
17. (Doch) bringt Jehova über dich, und über dein Volk,
          und über dein Vaterhaus
      Tage, wie sie nicht gewesen,
      seit Ephraim abgefallen von Juda,
      [den König von Assyrien].
18. Und es geschieht an jenem Tage, dass Jehova
      die Fliegen am Ufer von Aegyptens Strome herlockt,
      und die Bienen im Lande Assur.
19. Die kommen und lagern sich allzumal
      in den abschüssigen Thälern und Felsenklüften,
      in allen Dornhecken und auf allen Triften.
20. An jenem Tage schiert der Herr mit dem, jenseit
          des Stromes gedungenen, Messer
          [mit dem Könige von Assyrien]
      das Haupt und das Haar der Füsse,
      und auch den Bart nimmt er weg.
21. Und es geschieht zu selbiger Zeit,
      dass jeder eine junge Kuh und ein Paar Schafe hält.
22. Und von der Menge gewonnener Milch wird er
          Käse essen,
      denn Milch und Honig werden alle essen,
      die im Lande übrig bleiben.
23. Und es geschieht an jenem Tage,
      dass jeder Ort, wo tausend Rebenstöcke für tausend
          Silberlinge stehn,
      den Dornen und Disteln zu Theil wird.
24. Mit Pfeilen und dem Bogen geht man dorthin;
      denn zu Dornen und Disteln wird das ganze Land.

25. Die Berge, die man mit der Hacke behackt,
betritt Niemand aus Furcht vor Dornen und Disteln;
sie werden der Rinder Weide
von Schafen zertreten.

Cap. VIII—IX, 6.

*Abermalige Weissagung des Untergangs von Ephraim
und Syrien, und des Einfalls von Assyrien. Zuletzt
Aussichten in die messianische Zeit.*

1. Und Jehova sprach zu mir: nimm dir eine grosse
Tafel und schreibe darauf mit Menschengriffel: Eilebeute,
Raubebald. 2. Und ich nahm mir zuverlässige Zeugen,
den Priester Uria und den Zacharia, Sohn des Barachia.
3. Ich hatte mich aber der Prophetin genähert, sie
ward schwanger und gebar einen Sohn, und Jehova
sprach zu mir: nenne seinen Namen: Eilebeute, Raubebald. 4. Denn ehe der Knabe Vater und Mutter rufen
lernt: wird man den Reichthum von Damascus und die
Beute Samariens vor dem Könige von Assyrien her-
tragen.

5. Und Jehova sprach ferner zu mir also:

6. Weil dieses Volk verachtet
   das sanftfliessende Wasser Siloah's,
   und Lust hat an Rezin und des Remalja Sohn.

7. Darum, siehe so lässt der Herr die gewaltigen und
   starken Gewässer des Stromes ge-
   gen sie heranziehn,
   [den König von Assyrien und alle seine Herrlichkeit],
   der tritt über alle seine Flussbetten
   und geht über alle seine Ufer.

8. Und dringt ein in Juda, überschwemmt und strömt
   über,
   bis an den Hals wird er reichen

und seine (Heeres-) Flügel füllen dein Land, so weit
        es ist, Immanuel.

9. Tobt nur, ihr Völker, ihr sollt schon verzagen!
   Hört es, all' ihr fernen Lande,
   rüstet euch nur, ihr sollt schon verzagen,
   rüstet euch nur, ihr sollt schon verzagen!

10. Fasset nur einen Rath, er wird vereitelt werden,
    gebet einen Befehl, er wird nicht vollführt,
    denn Gott ist mit uns.

11. Denn also sprach Jehova zu mir in der Entzückung,
    als er mich warnte, nicht auf den Wegen dieses
              Volks zu wandeln:

12. Nennt nicht Verschwörung alles, was dieses Volk
              Verschwörung nennt,
    was es fürchtet, fürchtet nicht,
    und lasst es euch nicht schrecken.

13. Jehova der Heerscharen, den haltet heilig,
    er sey eure Furcht, und er euer Schrecken.

14. Er wird eine Zuflucht seyn,
    aber auch ein Stein des Anstosses, ein Felsenstück
              zum Straucheln
    für die beiden Häuser Israels,
    Fallstrick und Schlinge den Bewohnern Jerusalems.

15. Straucheln werden daran viele,
    und fallen und sich verwunden,
    und verstrickt und gefangen werden.

16. Wickele ein das Orakel,
    versiegele die Offenbarung mit meinen Jüngern.

17. Und harren will ich auf Jehova,
    der (jetzt) sein Antlitz birgt vor dem Hause Jakobs,
    und auf ihn warten.

18. Siehe, ich und die Knaben, die mir Jehova gegeben,
    sind Zeichen und Vorbilder in Israel

von Jehova der Heerscharen, der auf dem Berge
                    Zion wohnt.

19. Und wenn sie zu euch sagen:
    „befraget euch bei den Todtenbeschwörern und
                    weisen Männern,
    „die da zirpen und flüstern."
    (so sagt): „soll nicht ein Volk seinen Gott befragen?
    „die Todten für die Lebenden?"

20. Zum Gesetz, zur Offenbarung!
    wenn es nicht also spricht,
    so geht ihm keine Morgenröthe auf.

21. Es geht im Lande einher,
    schwer gedrückt und hungrig;
    und wenn es hungert, ergrimmt es, und flucht auf
                    seinen König und seinen Gott,
    und schaut nach oben;

22. Und blickt zur Erde,
    und siehe Trübsal und Finsterniss, dichtes Dunkel,
    und wird in die Nacht hinabgestossen.

23. Doch nicht (bleibt's) dunkel, wo (jetzt) Bedräng-
                    niss ist.
    Sowie die Vorzeit in Schmach gebracht das Land von
                    Sebulon, das Land von Naphtali,
    so ehrt die Folgezeit das Land am Meer, jenseit des
                    Jordan, den Kreis der Heiden.

IX, 1. Das Volk, das im Finstern wandelt, schauet ein
                    grosses Licht,
    die da sitzen im Lande der Todesnacht, über ihnen
                    glänzt ein Licht.

2. Du machst des Volkes viel,
   und gross ist seine Freude.
   Sie freuen sich vor dir, wie man sich freuet in der
                    Erndte,
   wie man jubelt beim Beutetheilen.

3. Denn sein lastendes Joch,
   der Stecken, der seinen Rücken trifft,
   des Frohnvogts Stab
   zerbrichst du wie am Tage Midians.

4. Denn des Gewaffneten Waffen im Schlachtgetümmel,
   das (Kriegs-) Gewand, in Blut gewälzt,
   die werden verbrannt, der Flammen Speise.

5. Denn ein Kind ist uns geboren,
   ein (Königs-) Sohn ist uns gegeben,
   auf dessen Schulter die Herrschaft ruht,
   und man nennt seinen Namen:
   Wunder, Berather, starker Held,
   ewiger Vater, Friedensfürst.

6. Auf dass die Herrschaft gross werde,
   und Heil ohne Ende komme
   über Davids Thron und sein Königreich,
   dass er es festige und stütze
   durch Recht und Gerechtigkeit,
   von nun an bis in Ewigkeit.
   Der Eifer Jehova's der Heerscharen thut solches.

Cap. IX, 7 — X, 4.

Drohung an das durch sein Unglück noch nicht gede-
müthigte und gebesserte Reich Ephraim.

1.

7. Einen Spruch sendet der Herr nach Jakob,
   er kommt herab zu Israel.

8. Erfahren soll es sein ganzes Volk,
   Ephraim und die Bewohner Samariens,
   die in Uebermuth und stolzen Herzens sagen:

9. „Ziegelsteine fielen ein, und mit Werkstücken
   bauen wir wieder.

„Maulbeerbäume wurden gefällt, und Zedern setzen
wir an die Stelle.“

10. Jehova schickt die Dränger Rezin's gegen euch *)
und wappnet eure Feinde.

11. Die Syrer von vorn, die Philister von hinten,'
die fressen Israel mit vollem Maul.
Bey all dem lässt sein Zorn nicht ab,
und seine Hand bleibt ausgestreckt.

2.

12. Das Volk bekehrt sich nicht zu dem, der es schlug,
nach Jehova der Heerscharen fragt es nicht.

13. Darum rottet Jehova aus Israel Kopf und Schweif,
Palmzweig und Binsen an Einem Tage.

14. [Die Aeltesten und Angesehenen sind der Kopf,
und die Propheten, die falsch lehren, der Schweif.]

15. Die Führer dieses Volks verführen es,
und die Verführten gehen zu Grunde.

16. Deshalb freut sich der Herr nicht seiner Jünglinge,
seiner Waisen und Witwen erbarmt er sich nicht,
denn sie alle sind gottlos und Uebelthäter,
und jeder Mund spricht Frevel.
Bey all dem lässt sein Zorn nicht ab,
und seine Hand bleibt ausgestreckt.

3.

17. Denn es brennt wie ein Feuer, die Bosheit,
das Dornen und Disteln verzehrt,
und im Dickicht des Waldes sengt,
dass es in Rauchsäulen aufwallt.

18. Durch den Grimm Jehova's der Heerscharen entbrennt das Land,
das Volk wird des Feuers Speise,
keiner schont des andern.

---

*) Wörtlich: Gegen es (Ephraim), v. 8.

19. Man schlingt zur Rechten und hungert,
   man frisst zur Linken und wird nicht satt;
   jeder frisst seines Armes Fleisch.
20. Manasse gegen Ephraim, und Ephraim gegen Manasse,
   und beide zusammen gegen Juda.
   Bey all dem lässt sein Zorn nicht ab,
   und seine Hand bleibt ausgestreckt.

4.

X, 1. Wehe denen, die frevelnd Urtheil sprechen,
   die unrechte Beschlüsse fassen.
2. Um vom Gericht zu verdrängen die Armen,
   das Recht zu rauben den Leidenden meines Volkes,
   dass die Witwen ihr Raub werden,
   und die Waisen ihre Beute.
3. Was wollt ihr thun am Tage der Ahndung,
   und der Verwüstung, die fernher kommt?
   zu wem wollet ihr fliehen zur Hülfe,
   und wo wollt ihr lassen eure Herrlichkeit?
4. Von mir verlassen sinken sie unter den Gefangenen hin,
   und fallen unter Erschlagenen.
   Bey all dem lässt sein Zorn nicht ab,
   und seine Hand bleibt ausgestreckt.

Cap. X, 5—34. XI. XII.

Assyrien's Untergang zur Strafe für seinen Uebermuth.
Schilderung des Messias und der messianischen Zeit.
Hymnus des Volks in derselben.

5. Wehe dem Assyrer, der Ruthe meines Zorns;
   der Stecken in seiner Hand ist meines Grimmes
   Werkzeug.
6. Gegen ein gottlos Volk sandte ich ihn,
   gegen das Volk meines Zorns entbot ich ihn,
   um Beute zu machen, und Raub zu rauben,
   um es niederzutreten, wie den Koth der Gassen.

7. Er aber denkt nicht also,
   sein Herz meint es nicht so,
   zu vertilgen steht sein Sinn,
   auszurotten Völker in Menge.

8. Denn er spricht: „sind meine Fürsten nicht allzumal
   Könige?

9. „Ging's Calno nicht wie Carchemisch,
   „oder Hamath wie Arpad, oder Samarien wie Damascus?

10. „So wie meine Hand die Reiche von Götzen ge-
    troffen,
    „deren Bilder mehr waren, als zu Jerusalem und
    Samarien —

11. „siehe! so wie ich Samarien und seinen Götzen
    gethan,
    „so werde ich auch Jerusalem und seinen Bildern
    thun."

12. (Denn) so der Herr vollbracht sein ganzes Werk am
    Berge Zion und Jerusalem,
    dann ahndet er die Frucht des Hochmuthes des
    Königs von Assyrien
    und seine stolze Prahlerei.

13. Denn er sprach: „mit meines Armes Kraft habe
    ich's gethan,
    „mit meiner Weisheit, denn ich bin klug;
    „ich rücke die Grenzen der Völker,
    „ihre Schätze plündere ich,
    „ich stürze die Thronen, ein Held.

14. „Wie ein Vogelnest, griff meine Hand der Völker
    Reichthum,
    „wie man verlassene Eyer wegnimmt
    „nahm ich die ganze Welt,
    „und keiner regte die Flügel,
    „sperrte den Mund auf zum Gezirp."

15. Rühmt sich wohl die Axt gegen den, der damit haut,

oder brüstet sich die Säge gegen den, der sie zieht;
als ob die Ruthe den schwenkte, der sie hebt,
als ob der Stock den Mann regierte.

16. Deshalb sendet der Herr, der Herr der Heerscharen,
    unter seine feisten (Krieger) die Dürre,
    unter seiner Herrlichkeit bricht ein Brand aus, wie Feuerbrand,

17. Das Licht Israels wird zum Feuer werden,
    und sein Heiliger zur Flamme,
    die brennet und frisst seine Dornen und Disteln an Einem Tage.

18. Die Pracht seines Waldes und Gartenwaldes
    wird er an Leib und Seele aufreiben,
    wie einer hinschmachtet in Ohnmacht *).

19. Der Rest der Bäume des Waldes wird gering seyn,
    ein Knabe schriebe sie auf.

20. An jenem Tage stützt sich der Rest von Israel und
    was gerettet ward vom Hause Jakobs
    nicht mehr auf seinen Züchtiger,
    es stützt sich auf Jehova, den Heiligen Israels, mit Treue.

21. Der Rest bekehrt sich, der Rest Jakobs, zu dem starken Helden.

22. Denn ist auch dein Volk, o Israel, wie Sand am Meer,
    nur der Rest davon bekehrt sich,
    die Verheerung ist beschlossen,
    sie bringt zerstörend Gerechtigkeit.

23. Denn Verheerung und Strafgericht
    übt der Herr, Jehova der Heerscharen, im ganzen Lande.

24. Doch spricht also dér Herr, Jehova der Heerscharen:

---

*) Im Original Paronomasie: כְּמֹסֹס נֹסֵס.

fürchte nichts, mein Volk, das in Zion wohnt,
von Assyrien.
Mit der Ruthe schlug es dich,
und hob seinen Stab gegen dich, wie in Aegypten.
25. Aber noch eine kurze Zeit,
so ist das Strafgericht vorüber,
und mein Zorn reibt jene auf.
26. Dann schwingt Jehova der Heerscharen die Geissel,
wie er Midian schlug am Felsen Oreb,
und wie er seinen Stab schwang gegen das Meer,
er erhebt ihn, wie in Aegypten.
27. An jenem Tage weichet seine Last von deiner
Schulter,
und sein Joch von deinem Nacken,
das Joch des feisten Stiers zerbricht.

28. Er kommt nach Ajath, zieht durch Migron,
in Michmasch lässt er sein Geräth.
29. Sie gehen durch den Pass,
zu Geba machen sie Nachtquartier,
es zittert Rama,
Gibea Sauls flieht.
30. Kreische laut auf, Tochter Gallim's,
horch, Laisa,
armes Anathoth!
31. Madmena flieht,
Gebim's Bewohner flüchten.
32. Noch ein Rasttag heute in Nob,
dann schwingt er seine Hand gegen den Berg der
Tochter Zions,
den Hügel von Jerusalem.
33. (Aber) siehe! der Herr, Jehova der Heerscharen, ent-
blättert die Zweige mit Schreckensgewalt,
die hohen Wuchses sind, werden gefällt,
die Stolzen gestürzt.

34. Er fällt mit dem Eisen des Waldes Dickicht,
der Libanon stürzt durch mächtige Hand.

XI, 1. Dann sprosst ein Reis vom Stamme Isai's,
ein Spross aus seiner Wurzel bricht hervor.

2. Es ruht auf ihm der Geist Jehova's,
ein Geist der Weisheit und der Klugheit,
ein Geist des Rathes und der Kraft,
ein Geist der Kenntniss und der Furcht Jehova's.

3. Er hat sein Wohlgefallen an der Gottesfurcht,
nicht richtet er nach dem Augenschein,
nicht spricht er Recht nach dem Gerücht.

4. Er richtet mit Gerechtigkeit die Armen,
bescheidet nach dem Recht die Leidenden im Volk,
er schlägt das Land mit seines Mundes Geissel,
seiner Lippen Zornhauch tödtet den Frevler.

5. Gerechtigkeit ist der Gurt seiner Hüften,
und die Treue der Gurt seiner Lenden.

6. Dann herbergt der Wolf bey dem Lamme,
der Pardel ist bey dem Böckchen gelagert,
Kalb und junger Löwe und Mastkalb allzumal,
ein kleiner Knabe führet sie.

7. Kuh und Bärin weiden zusammen,
zusammen lagern sich ihre Jungen,
der Löwe frisst Stroh, wie die Rinder.

8. Der Säugling spielt an der Natterkluft,
nach der Otter Höhle streckt der kaum Entwöhnte
seine Hand aus.

9. Nicht böse und nicht verderblich handeln sie
auf meinem ganzen heiligen Berge,
denn voll ist das Land von Erkenntniss Jehova's,
wie die Wasser das Meer bedecken.

10. Zu jener Zeit wird der Sprössling Isai's
dastehn als Panier für die Völker,

zu ihm wenden sich die Nationen,
und seine Wohnung ist Herrlichkeit.

11. An jenem Tage streckt der Herr zum zweiten Male
    seine Hand aus,
 um loszukaufen den Rest seines Volkes,
 der übrig blieb aus Assyrien und aus Aegypten und
    aus Patros und aus Aethiopien und aus
    Elam und aus Sinear und aus Hamath
 und von den Inseln des Meers.

12. Er errichtet ein Panier den Völkern,
 und sammelt die Vertriebenen Israels,
 und die Zerstreuten aus Juda bringt er zusammen,
 von den vier Säumen der Erde.

13. Dann weicht die Eifersucht Ephraims,
 die Feindschaft in Juda ist ausgerottet,
 Ephraim ist nimmer eifersüchtig auf Juda,
 und Juda beneidet nicht Ephraim.

14. Sie fliegen auf die Schulter der Philister am Meer,
 zusammen plündern sie die Morgenländer,
 Edom und Moab sind ihre Beute,
 und die Söhne Ammon's ihnen unterthan.

15. Dann dräut Jehova der Zunge des ägyptischen
    Meers,
 und schwingt seine Hand über den Strom mit ge-
    waltigem Sturm,
 und schlägt ihn in sieben Bäche,
 dass man in Schuhen hindurchgehen kann.

16. Und eine Strasse sey für den Rest seines Volks,
 das übrig ist, von Assyrien her,
 so wie sie ward für Israel,
 als es heraufzog aus Aegyptenland.

XII, 1. Du aber sprichst an jenem Tage:
 „ich preise dich, Jehova, denn du zürntest auf mich,
 „dein Zorn legte sich, und du erbarmst dich mein.

2. „Siehe! Gott, mein Retter,
    „ich bin getrost und fürchte nicht,
    „denn mein Ruhm und Preis ist Jah [Jehova],
    „er ward meine Rettung.‟
3. Ihr schöpfet Wasser mit Freuden
    aus den Quellen des Heils;
4. und sprechet an jenem Tage:
    „Preiset Jehova, ruft seinen Namen an,
    „Verkündet unter den Völkern seine Thaten,
    „Lobsinget, denn erhaben ist sein Name.
5. „Singet dem Jehova, denn Herrliches hat er gethan.
    „Kund sey diess in allen Landen.
6. Jauchze und jubele, Bewohnerin Zions,
    „Denn gross ist in deiner Mitte der Heilige Israels.

Cap. XIII — XXIII.

Weissagungen gegen auswärtige Völker.

Cap. XIII — XIV, 1—23.

Babylons Untergang, der Juden Befreyung, Heimkehr
und Spottlied über den König von Babel.

1. Ausspruch über Babel, welcher geoffenbaret ward
Jesaia, dem Sohne Amoz.
2. Auf nackten Bergen erhebt ein Panier,
    rufet ihnen *) laut, erhebet die Hand,
    dass sie einziehen in die Thore der Tyrannen.
3. Befehligt habe ich meine Geweiheten,
    aufgerufen habe ich meine Helden, zu vollführen
                        meinen Zorn,
    meine stolz Frohlockenden.

---

*) Den Medern, v. 17.

4. Horch! ein Getöse auf den Bergen,
　　gleichwie eines grossen Volkes,
　　ein Getümmel versammelter Völker und Königreiche,
　　Jehova der Heerscharen mustert sein Kriegsheer.
5. Sie kommen aus fernem Lande,
　　vom Ende des Himmels her,
　　Jehova und seines Zornes Werkzeuge,
　　zu verderben das ganze Land.
6. Heulet, denn nahe ist der Tag Jehova's,
　　wie Gottes Wetter kommt, vom Allmächtigen.
7. Darum sind alle Hände lass,
　　und jedes Menschen Herz verzagt.
8. Sie sind bestürzt, von Krämpfen und Wehen er-
　　　　griffen,
　　wie die Gebärerin zittern sie,
　　entsetzt sieht man sich an,
　　wie Flammen glüht ihr Antlitz.
9. Siehe! der Tag Jehova's kommt
　　furchtbar, voll Grimmes und brennenden Zorns,
　　um das Land zur Wüste zu machen,
　　und die Sünder daraus zu vertilgen.
10. Denn die Sterne des Himmels und seine Bilder
　　lassen ihr Licht nicht leuchten,
　　die Sonne dunkelt bey ihrem Aufgang,
　　der Mond lässt sein Licht nicht scheinen.
11. Ich strafe an der Welt die Bosheit,
　　und an den Frevlern ihr Verbrechen,
　　ich mache dem Hochmuth der Stolzen ein Ende,
　　und der Tyrannen Hoffarth stürze ich.
12. Seltener mache ich die Menschen, als Gold,
　　die Männer, als Ophir's seltene Schätze *).
13. Darob lasse ich den Himmel erzittern,
　　die Erde bebt von ihrer Stelle,

---

*) Im Original Wortspiel mit אֹפִיר‎, אֹוקִיר‎.

beym Grimme Jehova's der Heerscharen,
am Tage seines brennenden Zorns.

14. Dann, wie ein verscheuchtes Reh,
   wie eine Heerde, die keiner zusammenhält,
   wendet sich jeder zu seinem Volke,
   und jeder flieht in sein Land.

15. Wer sich treffen lässt, wird durchbohrt,
   wer erhascht wird, fällt durch das Schwert.

16. Ihre Kinder werden vor ihren Augen zerschmettert,
   ihre Häuser geplündert, ihre Weiber geschändet.

17. Siehe, ich erwecke gegen sie die Meder,
   die Silber nicht achten.
   und an Gold kein Wohlgefallen haben.

18. Ihre Bogen werden Jünglinge zerfleischen,
   der Leibesfrucht erbarmen sie sich nicht,
   der Kinder jammert sie nicht.

19. So wird denn Babel, die Krone der Königreiche,
   die stolze Zierde der Chaldäer,
   wie Sodom und Gomorrha, die Gott zerstört.

20. Sie wird nicht bewohnt in Ewigkeit,
   bleibt unbewohnt für und für,
   nicht zeltet dort ein Araber,
   und Hirten lagern sich dort nicht.

21. Es lagern dort sich Steppenthiere,
   Uhu's füllen ihre Häuser,
   Straussen wohnen dort,
   und Waldteufel tanzen daselbst.

22. Wölfe heulen in ihren Pallästen,
   Schakale in den Lustgebäuden.
   Nahe ist ihre Zeit,
   nicht verlängert wird ihre Frist.

XIV, 1. Denn Jehova erbarmt sich Jakobs,
   er liebt ferner Israel.
   Er versetzt sie in ihr Land,

C

die Fremdlinge gesellen sich zu ihnen,
und halten sich zum Hause Jakobs.

2. Die Völker werden sie nehmen
und geleiten zu ihrem Wohnsitz,
aber das Haus Israels wird sie sich zueignen
im Lande Jehova's zu Knechten und Mägden,
sie halten gefangen ihre Zwingherrn,
und herrschen über ihre Dränger.

3. Wenn dir dann Jehova Ruhe geschafft
von deinem Mühsal und Ungemach,
und von dem schweren Dienst,
der dir aufgelegt worden,

4. so erhebst du dieses Lied
über den König von Babel und sprichst:
„Ach wie hat's ein Ende mit dem Dränger,
„ein Ende mit der Erpressung!

5. „Zerbrochen hat Jehova den Stab der Frevler,
„den Stecken der Tyrannen:

6. „der die Völker schlug im Zorn
„mit Schlägen ohne Unterlass,
„der im Grimm über Nationen herrschte,
„mit einer Herrschaft ohne Nachlass.

7. „Nun ruhet und rastet die ganze Erde,
„man bricht in Jubel aus.

8. „Auch die Cypressen freuen sich deines Sturzes,
„die Zedern des Libanon (und sagen):
„„seit du da liegest,
„„kommt niemand herauf, der uns abhaue.““

9. Das Schattenreich unten geräth über dich in Bewegung,
entgegen deiner Ankunft;
es erregt vor dir die Schatten, alle Gewaltigen der
Erde,
es regt auf von ihren Thronen alle Könige der
Völker.

10. „Sie alle heben an und sprechen zu dir:
„„Auch du bist hinfällig, wie wir,
„„bist uns gleich gestellt.""

11. „Ins Schattenreich gefahren ist deine Herrlichkeit,
„das Rauschen deiner Harfen;
„Würmer sind dein Bette,
„und deine Decke Maden.

12. „Ach wie bist du vom Himmel gefallen,
„jammere, Sohn der Morgenröthe,
„wie bist du zur Erde gefällt,
„der du die Völker niedertratest!

13. „Du sprachst in deinem Herzen: „„zum Himmel
werde ich aufsteigen,
„„über die Sterne Gottes setzen meinen Thron,
„„wohnen auf dem Versammlungsberge im äussersten Norden.

14. „„Ich steige auf der Wolken Höhen,
„„dem Höchsten stelle ich mich gleich.""

15. „Ja! zur Unterwelt fährst du hinab,
„zur tiefsten Gruft.

16. „Die dich sehen, schauen dich an, betrachten
dich (und sagen):
„„ist das der Mann, vor dem die Erde bebte,
„„Königreiche zitterten.

17. „„Der den Erdkreis zur Wüste machte,
„„seine Städte verheerte,
„„seine Gefangenen nicht in die Heimath entliess?""

18. „Alle Könige der Völker allzumal
„liegen mit Ehren, jeder in seiner Gruft.

19. „Du aber liegst hingeworfen ohne Grab,
„wie ein verachteter Zweig,
„bedeckt mit Erschlagenen, vom Schwert Durch-
bohrten,
„die man (bald) in steinerne Grüfte bestattet,
„wie ein zertretenes Aas.

C 2

20. „Nicht wirst du ihnen im Grabe beigesellt,
    „weil du dein Land verwüstet,
    „dein Volk gemordet,
    „nicht werde fürder genannt 'die Brut von Böse-
        wichtern!
21. „Bereitet ein Blutbad seinen Söhnen,
    „ob ihrer Väter Schuld,
    „damit sie nicht wieder aufstehen, die Welt erobern,
    „und mit Feinden den Erdkreis füllen!“
22. Ich mache mich auf gegen sie, spricht Jehova der
        Heerscharen,
    und rotte von Babel aus den Namen und jede Spur,
        Sprössling und Stamm, spricht
        Jehova.
23. Ich mache es zur Wohnung der Igel und zu
        Wassersümpfen,
    und fege es weg, wie man Koth wegfegt,
    spricht Jehova der Heerscharen.

Cap. XIV, 24 — 27.

Fragment über den Untergang Assyriens.

Vgl. Cap. X, 5 ff.

24. Es schwört Jehova der Heerscharen also:
    Ja, wie ich es ersonnen, so wird es,
    was ich beschlossen, das geschieht.
25. Zerschmettert wird Assyrien in meinem Lande,
    auf meinen Bergen zertrete ich es;
    dann weicht von ihnen sein Joch,
    und seine Last weicht von seinem Nacken.
26. Dies ist der Rathschluss, gefasst über alle Lande,
    dies die Hand, über alle Völker ausgestreckt.
27. Denn Jehova der Heerscharen hat's beschlossen,
    wer mag es hindern?

Ist seine Hand gestreckt,
wer mag sie zurücktreiben?

Cap. XIV, 28—32.

Ausspruch gegen die Philister.

28. Im Todesjahr des Königs Ahas erging dieser Ausspruch:

29. Freue dich nicht, ganz Philistäa,
dass zerbrochen der Stab, der dich schlug,
denn aus der Schlange Wurzel geht Otterngezücht hervor,
ihre Frucht ist ein fliegender Drache.

30. Ruhig weiden die Söhne der Leidenden,
die Armen werden sicher ruhen;
denn ich lasse durch Hunger deine Wurzel sterben,
und deinen Rest getödtet werden.

31. Klage, o Thor! heule, o Stadt!
verzagt bist du, ganz Philistäa;
denn von Norden her kommt Rauch,
kein Einzelner in ihren Scharen.

32. Was für Antwort bringen die Boten der Völker?
dass Jehova Zion stützt,
und dort Zuflucht finden die Leidenden seines Volks.

Cap. XV. XVI.

Der Untergang Moabs.

1. Ausspruch über Moab.
Ja! in der Angriffs-Nacht wird's mit Ar-Moab aus,
ja! in der Angriffs-Nacht wird's mit Kir-Moab aus.

2. Man steigt zum (Götzen-) Haus, und Dibon weinend auf die Höhen,
um Nebo und Medeba jammert Moab,
auf allen Häuptern Glatzen,
abgeschnitten jeder Bart.

3. Auf ihren Strassen gürten sie Trauerkleider um,
auf ihren Dächern und Plätzen jammert alles
und zerfliesst in Thränen.

4. Es jammert Hesbon und Eleale,
bis Jahaz hört man ihre Stimme;
da selbst die Gewappneten Moabs klagen,
verzaget ihm das Herz *).

5. Mein Herz klagt um Moab,
dess Flüchtlinge bis Zoar (schweifen), die drey-
jährige Kuh;
denn die Anhöhe von Luchith besteigt man weinend,
und nach Horonaim hin erregt man ein Zetergeschrei.

6. Denn die Wasser von Nimrim sind verwüstet,
und verdorret das Gras, verwelkt das Kraut,
kein Grünes ist mehr.

7. Darum den Rest ihrer Habe und ihre Schätze
tragen sie über den Weidenbach.

8. Denn Geschrei umgibt die Gränze Moabs,
bis Eglaim (hallt) seine Klage,
bis Beer Elim seine Klage.

9. Und die Wasser Dimons sind voll Blut,
denn ich bringe über Dimon neues Unheil,
über die Geretteten in Moab (sende ich) einen Löwen,
über die Uebriggebliebenen im Lande.

XVI, 1. Sendet die Lämmer dem Herrscher des Landes,
von Sela durch die Wüste,
zum Berge der Tochter Zions.

2. Wie schweifende Vögel,
wie ein aufgescheuchtes Nest werden die Töchter
Moabs
an den Furthen des Arnon stehn (und sagen):

---

*) Im Original Wortspiel mit יָתִיעוּ schreien, יְרֵעָה
bebet.

3. „Gebet Rath, übet Gerechtigkeit,
„gebet kühlen Schatten am Mittag,
„verberget die Vertriebenen,
„verrathet den Flüchtling nicht.

4. „Lasst bey euch wohnen Moabs Vertriebene,
„seyd ihnen ein Schirm gegen den Verwüster,
„denn aufhören wird der Druck,
„ein Ende nimmt die Verwüstung,
„es weichen die Unterdrücker aus dem Lande.

5. „Befestigt wird dann durch Liebe (euer) Thron,
„und es sitze darauf mit Treue im Hause Davids
„ein Richter, der nach Recht trachtet und der Ge-
            rechtigkeit kundig ist.

6. (Die Antwort ist): „Wir kennen den Hochmuth
            Moabs, wie gross er ist,
seine Hoffarth, seinen Hochmuth und Uebermuth,
das Eitele seiner Prahlereyen.

7. Darum jammert Moab über Moab,
alles jammert,
um die Trümmern Kir-Hareseth's seufzet ihr,
tief niedergeschlagen.

8. Denn Hesbons Gefilde stehen verwelkt,
dem Weinstock Sibma's zerschlugen die Herrscher
            der Völker seine edlen Reben,
bis Jaëser reichten sie, irrten in der Wüste,
seine Ranken breiteten sich aus, gingen über's Meer.

9. Darum weine ich, wie Jaëser, um den Weinstock
            Sibma's,
ich netze dich mit meinen Thränen, Hesbon und
            Eleale,
denn in deine Obstlese und Erndte fällt der
            (Schlacht-) Ruf.

10. Entnommen ist Freude und Frohlocken aus der
            Baumpflanzung,

in den Weinbergen wird nicht gejauchzt und nicht
        gejubelt,
kein Kelterer tritt Wein in den Kufen,
dem (Erndte-) Ruf mache ich ein Ende.

11. Darum tobt mein Inneres um Moab, gleich der
        Zither,
und um Kir-Hares mein Herz.

12. Dann sieht man, wie sich mühet *) Moab auf
        der Höhe,
es geht zum Heiligthum, zu beten, doch vergebens.

13. Dieses ist der Ausspruch, welchen Jehova ergehen
liess über Moab vor Alters.   14. Jetzt aber spricht
Jehova:

In drey Jahren, wie eines Tagelöhners Jahre,
wird Moabs Herrlichkeit zu Schanden,
mit seinem grossen Volksgetümmel,
Der Rest wird sehr klein seyn, nicht gross.

Cap. XVII.

Gegen Ephraim und Damascus.

1. Ausspruch über Damascus.
Siehe, Damascus wird keine Stadt mehr seyn,
der Trümmern Stätte **) wird es.

2. Verlassen sind die Städte um Aroër,
den Heerden Preis gegeben,
die lagern sich dort ungestört.

3. Ein Ende hat die Burg in Ephraim,
die Herrschaft in Damascus und dem Rest von
        Syrien,
ihnen geht es, wie der Herrlichkeit der Söhne Israels,
spricht Jehova der Heerscharen.

---

*) Paronomasie: נִרְאָה, נִלְאָה.

**) Stadt, Stätte, im Original Paronomasie: מֵעִיר, מְעִי.

4. An jenem Tage schwindet die Herrlichkeit Jakob's
    hin,
  sein fettes Fleisch wird mager.
5. Es ist, als ob die Schnitter Halmen sammeln,
  ihr Arm die Aehren abmäht,
  als ob man Aehren liest im Thale Rephaim.
6. Kaum bleibt eine Nachlese darin, wie bey der
    Olivenerndte,
  zwey, drey Beeren oben im Wipfel,
  vier, fünf in den Zweigen des Fruchtbaums,
  spricht Jehova, der Gott Israels.
7. An jenem Tage schaut der Mensch auf seinen
    Schöpfer,
  seine Augen sehen auf den Heiligen Israels.
8. Nicht schaut er nach den Altären, seiner Hände
    Werk,
  was seine Finger gebildet, sieht er nicht an,
  die Astarten und Sonnensäulen.
9. Zu jener Zeit werden seine festen Städte seyn
  wie die öden Trümmer im Walddickicht und auf
        der Berge Gipfel,
  die man einst verlassen auf der Flucht vor Israëls
        Söhnen,
  eine Wüste wird's.
10. Denn du vergassest Gott, deinen Retter,
  an den Fels, deine Zuflucht, dachtest du nicht;
  darum pflanztest du liebliche Pflanzungen,
  und stecktest fremde Reben;
11. Nachdem du gepflanzt, zogst du sie gross,
  bald brachtest du deine Pflanzen zur Blüthe:
  (aber) es flieht die Erndte am Tage des Besitzes,
  und herbe ist der Schmerz.

Cap. XVII, 12 — XVIII.

Das assyrische Heer wird im Lande plötzlich vertilgt,
welche Kunde der Prophet den Aethiopiern zuruft,
und ihre Bekehrung weissagt.

12. Wehe! ein Toben vieler Völker,
    wie Meere toben, toben sie,
    und ein Getöse von Nationen,
    wie mächtige Wogen tosen, tosen sie.
13. [Die Völker tosen, wie mächtige Wogen tosen.]
    Er dräut ihnen und sie fliehen fern,
    fortgetrieben, wie Spreu der Berge vor dem Winde,
    wie Staubwirbel vor der Windsbraut.
14. Zur Abendzeit, siehe da! Schrecken,
    ehe es Morgen wird, und sie sind nicht mehr.
    Dieses das Schicksal unserer Räuber,
    und das Loos unserer Plünderer.

XVIII, 1. Ha! du Land mit schwirrenden (Heeres-)
                Flügeln,
    jenseit der Ströme Aethiopiens.
  2. Das auf dem Meere die Boten sandte,
    auf Rohrschiffchen über das Wasser.
    Geht, schnelle Boten, zu dem rüstigen und tapfern
                Volke,
    (und) zu dem furchtbaren Volke weiter jenseits,
    dem starken, alles zermalmenden Volke,
    dess Land Ströme zerschneiden.
  3. Ihr Weltbewohner alle, ihr Völker der Erde,
    schaut, wenn man das Panier auf den Bergen
                erhebt,
    hört, wenn man in die Posaune stösst.
  4. Denn also sprach Jehova zu mir:
    ruhig schaue ich von meinem Sitze

bey heiterer Wärme im Sonnenschein,
bey Thaugewölk in der Erndtegluth.

5. Aber vor der Erndte, wenn die Blüthe abfällt,
und zur reifenden Traube die Blume wird,
da schneidet er (Jehova) die Ranken mit Hippen ab,
die Reben thut er davon und haut sie ab.

6. Ueberlassen werden sie alle dem Raubgeflügel
der Berge,
und dem Vieh des Feldes,
die Raubvögel werden darauf den Sommer
und alles Vieh des Feldes den Winter zubringen.

7. Zu jener Zeit werden Gaben gebracht an Jehova
der Heerscharen
von dem rüstigen und tapfern Volke,
und von dem furchtbaren weiter jenseits,
dem starken alles zermalmenden Volke,
dess Land Ströme zerschneiden,
zu dem Wohnsitze Jehova's der Heerscharen, dem
Berge Zion.

Cap. XIX.

*Aegypten wird sich bekehren, in Folge politischer
und physischer Zerrüttung.*

1. Ausspruch über Aegypten.
Siehe! Jehova fährt auf einer schnellen Wolke
einher
und kommt nach Aegypten,
da erbeben Aegyptens Götzen vor seinem Antlitz,
und der Aegypter Herz verzagt in ihrer Brust.

2. Rüsten will ich Aegypter gegen Aegypter,
kämpfen wird Mann gegen Mann, Freund gegen
Freund,
Stadt gegen Stadt,
Königreich gegen Königreich.

3. Verschwinden soll der Geist aus Aegyptens Mitte,
und seinen Rath will ich vernichten;
da wendet man sich zu den Götzen und zu den
        Zauberern,
zu den Todtenbeschwörern und weisen Männern.

4. Ich aber übergebe die Aegypter einem strengen
        Herrn,
ein harter König wird sie beherrschen,
spricht der Herr, Jehova der Heerscharen.

5. Und versiegen wird das Wasser aus dem Strome,
der Fluss wird wasserlos und trocken.

6. Die Ströme stinken,
Aegyptens Kanäle werden seicht und wasserlos,
Rohr und Schilf verwelken.

7. Die Auen am Strom, am Rande des Stromes,
alle Saat am Strom wird trocken, zerstiebet und
        ist nicht mehr.

8. Da klagen die Fischer,
es trauern alle, die in den Strom die Angel werfen,
die das Netz breiten über das Wasser, stehn
        betrübt.

9. Beschämt stehen des gekämmten Flachses Wirker,
die Weber weisser Gewande.

10. Des Staates Pfeiler sind niedergeschlagen,
alle Fröhner traurigen Herzens.

11. Lauter Thoren sind die Fürsten Zoan's,
Pharao's weise Räthe sind Narren mit ihrem Rathe.
Wie könnt ihr doch zu Pharao sagen:
„ein Sohn der Weisen bin ich,
„ein Sohn der alten Könige."

12. Wo sind sie nun, deine Weisen?
lass sie's dir verkünden, dass man's erfahre,
was Jehova der Heerscharen beschlossen hat über
        Aegypten.

13. Als Thoren stehen die Fürsten Zoan's da,

es täuschen sich die Fürsten Noph's,
es führen die Aegypter irre die Häupter ihrer
    Stämme.

14. Jehova geusst unter sie einen Schwindel-Geist,
dass die Aegypter taumeln in all' ihrem Thun,
wie ein Trunkener herumtaumelt in seinem Gespey.

15. Keine That geschieht von den Aegyptern,
von Haupt oder Schweif, von Palmzweig oder
    Binsen vollbracht.

16. An jenem Tage sind die Aegypter Weibern gleich,
sie zittern und beben
vor einem Dräuen der Hand Jehova's der Heerscharen,
die er gegen sie schwingt.

17. Das Land Juda's wird für Aegypten ein Schrek-
    ken seyn,
wo einer dessen gedenkt, erbebet man,
ob des Raths Jehova's der Heerscharen, den er
    darüber gefasst.

18. Zu jener Zeit werden fünf Städte in Aegypten-
    land seyn,
die die Sprache Canaans reden,
und bey Jehova der Heerscharen schwören,
Stadt der Errettung wird man die Eine nennen.

19. Zu jener Zeit werden Altäre Jehova's mitten in
    Aegyptenland seyn,
und Stein-Male an seiner Gränze dem Jehova.

20. Das wird zum Zeichen und zum Zeugniss dienen
für Jehova der Heerscharen in Aegyptenland,
dass sie zu Jehova schrieen, ob ihrer Dränger,
und er sandte ihnen einen Heiland und Verthei-
    diger, der rettete sie.

21. Und kund wird Jehova den Aegyptern,
die Aegypter kennen Jehova zu jener Zeit;
sie bringen Schlacht- und Speisopfer,
sie geloben Gelübde dem Jehova und bezahlen sie.

22. So schlägt Jehova die Aegypter, schlägt und heilt
        sie;
  sie bekehren sich zu ihm,
  drum erhört und heilt er sie.

23. Zu jener Zeit wird eine Strasse seyn von Aegy-
        pten nach Assyrien,
  dass Assyrer nach Aegypten, und Aegypter nach
        Assyrien kommen,
  und die Aegypter mit den Assyrern (dem Jehova)
        dienen.

24. Zu jener Zeit wird Israel das dritte seyn
  im Völker-Bunde Aegyptens und Assyriens,
  ein Segen auf der Erde.

25. Es segnet sie Jehova der Heerscharen und spricht:
  gesegnet sey mein Volk Aegypten,
  meiner Hände Werk Assyrien,
  und mein Besitzthum Israël.

Cap. XX.

*Symbolische Handlung und Ausspruch gegen das Ver-
trauen Israels auf Aegypten und Aethiopien.*

1. In dem Jahre, wo Tartan nach Asdod kam,
gesandt von Sargon, König von Assyrien, und Asdod
belagerte und es einnahm. 2. Zu jener Zeit sprach
Jehova zu Jesaia, dem Sohne Amoz, also: gehe hin
und löse das Prophetenkleid von deinen Hüften, und
zeuch deine Schuhe von deinen Füssen. Und er that
also, und ging nackend und barfuss. 3. Da sprach
Jehova: So wie mein Knecht Jesaia nackend und
barfuss geht, in drey Jahren ein Zeichen und ein
Vorbild für Aegypten und Aethiopien. 4. So führt
der König von Assyrien die Gefangenen Aegyptens
und die Verbannten Aethiopiens, Jünglinge und
Greise, nackend und barfuss, mit entblössten Hintern,

eine Schmach für Aegypten. 5. Dann verzagt man
und schämt sich Aethiopiens, auf das man hoffte, und
Aegyptens, dess man sich rühmte. 6. Es sprechen die
Bewohner dieser Küste an jenem Tage: „siehe, so
„geht es denen, worauf wir hofften, wohin wir flohen
„zur Hülfe, um uns zu retten vor dem Könige von
„Assyrien. Wie könnten wir entrinnen!"

Cap. XXI, 1—10.

Der Untergang Babels durch Perser und Meder.

1. Ausspruch über die Wüste des Meers.
   Wie Wetter, die im Süden stürmen,
   kommt's von der Wüste,
   aus dem grauenvollen Lande.
2. Ein schweres Gesicht ward mir gezeigt:
   der Räuber raubt, und der Verwüster verwüstet.
   „Zeuch herauf, Elam! belagere, Medien!
   „allen Seufzern setze ich ein Ziel."
3. Darum sind meine Hüften voll Schmerzes,
   Wehen ergreifen mich, wie der Gebärerin Wehen,
   vor Krämpfen höre ich nicht, vor Aengsten sehe
   ich nicht.
4. Mein Herz schwindelt,
   Schrecken ergreift mich, die Nacht meiner Lust
   wird mir zum Schrecken.
5. Man ordnet den Tisch, die Wache wacht,
   man isst, man trinkt.
   „Auf ihr Fürsten,
   „Salbet den Schild!"
6. Denn also sprach der Herr zu mir:
   „Gehe, bestelle den Thurmwächter,
   „der, was er sieht, verkünde."
7. Der sahe Reiterey, Reiter auf Rossen paarweis,

Reiter auf Eseln, Reiter auf Kameelen,
und horchte, was er horchen konnte.

8. Dann rief er, wie ein Löwe:
„auf der Warte, Herr, stand ich immerfort am
Tage:
„und auf meinem Posten stand ich alle Nächte.

9. „Und siehe, es kommen Rosse mit Mannschaft,
Reiter auf Rossen', paarweis."
Dann hub er an und sprach: „gefallen, gefallen
ist Babel,
„all' seine Götzenbilder wirft man zerschmettert
zu Boden."

10. O du mein zertretenes, mein zermalmtes Volk!
was ich vernommen von Jehova der Heerscharen,
dem Gott Israels,
habe ich euch verkündet.

Cap. XXI, 11. 12.
Weissagung über Duma.

11. Ausspruch über Duma.
Von Seïr her ruft man mir zu:
„Wächter! wie steht's um die Nacht?
„Wächter, wie steht's um die Nacht?

12. Der Wächter aber spricht:
„es kommt Tag und auch Nacht,
„wenn ihr fragen wollt, fragt:
„bekehrt euch, dann kommt wieder."

Cap. XXI, 13—17.
Weissagung gegen Arabien.

13. Ausspruch gegen Arabien.
In den Wildnissen Arabiens übernachtet ihr,
Karawanen Dedans.

14. Dem Durstigen bringen Wasser entgegen
    die Bewohner des Landes Thema,
    kommen mit Brot entgegen dem Flüchtling.
15. Denn vor Schwertern fliehen sie,
    vor dem gezückten Schwert,
    und vor dem gespannten Bogen,
    und vor des Krieges Wuth. .
16. Denn also sprach der Herr zu mir:
    ʼnoch ein Jahr nach des Tagelöhners Jahren,
    und es schwindet alle Herrlichkeit Kedar's.
17. Die übrige Zahl der tapfern Bogenschützen der
    Söhne Kedar's wird gering seyn;
    denn Jehova, der Gott Israels, sprach's.

Cap. XXII, 1—14.

An die Einwohner Jerusalems, bey einer bevorstehen-
den Belagerung.

1. Ausspruch über das Schauthal.
   Was ist dir nur,
   dass all' dein Volk die Dächer besteigt?
2. Du lermerfüllte, tobende und fröhliche Stadt,
   deine Gefallenen fallen nicht durchs Schwert,
   werden nicht im Kriege getödtet.
3. All' deine Feldherrn fliehen zugleich,
   von den Bogenschützen werden sie gefangen;
   all' dein Volk wird zugleich gefangen,
   welches schon in der Ferne floh.
4. Darum sage ich: schauet weg von mir, dass ich
   bitter weine,
   dringt nicht in mich, um mich zu trösten,
   ob der Verheerung der Tochter meines Volks.
5. Denn ein Tag der Bestürzung, der Verwüstung
   und Verwirrung (kommt)

D

von dem Herrn, Jehova der Heerscharen, im
          Schauthal:
man zertrümmert die Mauer,
Geschrey hallt wider die Berge.

6. Elam trägt den Köcher,
   mit Wagen voll Mannschaft und Reitern,
   Kir entblösst den Schild,
7. Voll Kriegswagen sind deine schönsten Thäler,
   die Reiter stellen sich gegen das Thor.
8. Weggenommen wird der Schleyer Juda's.
   Du aber blickest an jenem Tage nach der Rüstung
          im Waldhause,
9. Nach den Mauerrissen der Davidsstadt
   sehet ihr, weil ihrer viel:
   ihr sammelt das Wasser des untern Teich's.
10. Die Häuser Jerusalems zählet ihr,
    und brechet die Häuser ab, um die Mauer zu
          festigen.
11. Und einen Behälter machet ihr zwischen beyden
          Mauern,
    für das Wasser des alten Teichs;
    aber ihr blicket nicht nach dem, der dies gethan,
    sehet nicht nach dem, der dies bereitet von fern
          her.
12. Es ruft euch der Herr, Jehova der Heerscharen,
          an jenem Tage
    zum Weinen und zur Trauer,
    dass man sich scheere und Trauerkleider umgürte.
13. Aber siehe da! Lust und Freude,
    man würget Rinder, schlachtet Schafe,
    man isset Fleisch und trinket Wein
    (und spricht): „lasset uns essen und trinken,
    „morgen sterben wir doch!"
14. Darum offenbarte sich mir Jehova der Heer-
          scharen also:

nicht wird euch die Missethat verziehen, bis
ihr sterbt,
spricht der Herr, Jehova der Heerscharen.

Cap. XXII, 15—25.

Sturz des Sebna, des Schlosshauptmann's, und Er-
hebung des Eljakim.

15. So sprach der Herr, Jehova der Heerscharen:
Auf! gehe zu diesem Grossbeamten,
zu Sebna, dem Schlosshauptmann (und sprich):
16. Was hast du hier? und wen hast du hier?
dass du dir hier ein Grab aushauest?
auf der Höhe aushauend ein Grab,
in dem Felsen dir eine Wohnung höhlend.
17. Siehe, Jehova streckt dich hin mit männlichem
Wurf,
fest dich packend,
18. rollt er dich fest wie ein Knäuel zusammen,
wie einen Ball (dich schleudernd) in ein weites
Land:
dort wirst du sterben,
dort deine prächtigen Wagen,
du Schmach des Hauses deines Herrn!
19. Ich stosse dich von deinem Posten,
von deiner Stelle reisst dich (Gott).
20. Und es geschieht an jenem Tage,
dass ich berufe meinen Knecht,
den Eljakim, Hilkia's Sohn.
21. Den lasse ich deinen Rock anziehen,
und deinen Gürtel umgürten,
und deine Herrschaft gebe ich in seine Hand,
er wird ein Vater seyn Jerusalems Bewohnern
und dem Hause Juda's.

22. Und den Schlüssel des Hauses David lege ich auf
seine Schulter,
wo er öffnet, soll niemand schliessen,
wo er schliesst, niemand öffnen.
23. Ich schlage ihn als einen Nagel an einen festen Ort,
er wird ein Sitz des Ruhmes für sein Vaterhaus.
24. Und an ihn hängt sich die ganze Menge seines
Vaterhauses,
edle und unedle Sprossen,
alle kleine Geräthe, Becken und allerley Flaschen.
25. An diesem Tage, spricht Jehova der Heerscharen,
weicht der Nagel, an einen festen Ort geschlagen,
wird abgeschlagen und fällt,
und zu Grunde geht die Last, die er trug;
denn Jehova spricht's.

Cap. XXIII.

Weissagung der Zerstörung von Tyrus.

1. Ausspruch über Tyrus.
Heulet, ihr Tarsisschiffe,
denn es ist zerstört,
kein Haus ist mehr, in das man gehe.
Aus der Chittäer Lande ward es ihnen kund.
2. Starret, ihr Bewohner des Gestades,
das der Kaufmann Sidon's, der meerbefahrende, füllte.
3. Auf weiten Gewässern war die Saat des Nils,
die Ernte des Stromes ihr Ertrag.
Sie war der Markt der Nationen!
4. Beschämt steht Sidon, denn es spricht das Meer,
des Meeres Veste, also:
„Nicht kreisete und nicht gebar ich,
„nicht zog ich Jünglinge gross
„und Jungfrauen auf.“

5. Wenn nach Aegypten kommt die Kunde,
   werden sie beben bey der Kunde von Tyrus.

6. Zieht hinüber nach Tarsis,
   heulet, ihr Bewohner des Gestades!

7. Ist das eure frohlockende Stadt,
   deren Ursprung in der Urzeit Tagen?
   Jetzt tragen sie ihre Füsse,
   um fern in der Fremde zu wohnen.

8. Wer hat solches beschlossen über Tyrus, die
   Kronenspenderin,
   deren Kaufleute Fürsten,
   deren Händler die Reichen der Erde?

9. Jehova der Heerscharen hat es beschlossen,
   um zu stürzen jede glänzende Hoffarth,
   zu beugen alle Reichen der Erde.

10. Durchzeuch nun gleich dem Nil dein Land, du
    Tochter Tarsis,
    kein Gürtel hemmt dich mehr.

11. Er streckte seine Hand über das Meer,
    er machte Königreiche beben,
    Jehova gab Befehl über Canaan,
    zu zerstören seine Vesten.

12. Er sprach: nicht sollst du fürder frohlocken,
    geschändete Jungfrau, Tochter Sidons!
    Auf! zeuch hinüber zu den Chittäern,
    auch dort ist keine Ruhe für dich.

13. Siehe! das Land der Chaldäer,
    dort jenes Volk, welches (vor Kurzem noch)
    nicht war,
    Assur hat es den Wüstenbewohnern angewiesen;
    das errichtet seine Warten,
    zerstört ihre Paläste,
    macht sie zu Trümmern.

14. Heulet, ihr Tarsisschiffe,
    denn zerstört ist eure Veste.

15. Und es geschieht an jenem Tage,
    dass Tyrus vergessen liegt siebzig Jahre,
    nach der Zeit Eines Königs;
    (aber) nach siebzig Jahren geht es Tyrus,
    wie in dem Liede von der Buhlerin:
16. „Nimm die Zither, zeuch durch die Stadt,
    „vergessene Buhlerin,
    „rühre schön die Saiten, singe viel der Lieder,
    „auf dass man dein gedenke."
17. Nach siebzig Jahren sieht Jehová wieder nach
                  Tyrus,
    sie kommt wieder zu ihrem Buhlerlohn,
    und buhlt mit den Königreichen der Erde,
    auf dem [ganzen] Erdboden.
18. Aber ihr Erwerb und Buhlerlohn wird dem Jehova
                  heilig seyn.
    Nicht aufgehäuft wird er, nicht aufgespart,
    sondern denen, die vor Jehova wohnen, wird ihr
                  Erwerb zu Theil,
    und gewährt ihnen Nahrung in Fülle, und präch-
                  tige Kleidung.

Cap. XXIV — XXVII.

*Die Verwüstung des Landes, Rückkehr der
Juden aus dem Exil und Zerstörung der
feindlichen Hauptstadt.*

XXIV, 1. Siehe, Jehova leerte und verheerte *) das
                  Land,

---

*) Paronomasien und Wortspiele des Originals sind von
nun an durch ein Sternchen bezeichnet.

er kehrte sein Antlitz um und zerstreute seine
Bewohner.

2. Es ging wie dem Volke, so dem Priester,
wie dem Knechte, so dem Herrn,
wie der Magd, so der Frau,
wie dem Käufer, so dem Verkäufer,
wie dem Verleiher, so dem Leiher,
wie dem Schuldner, so dem Schuldherrn.

3. Beraubt ist das Land durch Räuber,
geplündert durch Plünderer,
denn Jehova that diesen Ausspruch.

4. Es ächzet und lechzet * das Land,
es schmachtet und trauert der Erdkreis,
es schmachten die Hohen des Volkes im Lande.

5. Das Land war entweiht unter seinen Bewohnern,
denn sie übertraten die Gesetze, überschritten das
Recht,
brachen den ewigen Bund.

6. Darum frass ein Fluch das Land,
es büssten seine Bewohner.
Darum wurden von Gluth verzehrt des Landes
Bewohner,
und übrig blieb des Volkes wenig.

7. Traurig steht der Most,
verschmachtet der Weinstock,
es ächzen alle, die fröhliches Herzens waren.

8. Es feiert die Freude der Pauken,
ein Ende hat der Fröhlichen Getümmel,
es feiert die Freude der Zither.

9. Nicht trinkt man Wein beym Gesang,
bitter ist der Trank den Zechern.

10. Zertrümmert liegt die verödete Stadt,
geschlossen jedes Hauses Eingang.

11. Man klagt um den Wein auf den Gassen,

weggezogen ist jede Freude,
verbannt des Landes Fröhlichkeit.

12. Verwüstung ist übrig in der Stadt,
in Trümmer ist das Thor zerschlagen.

13. Denn so ist's im Lande, in der Völker Mitte,
wie bey einem Olivenschlagen,
einer Nachlese, wenn die Weinlese zu Ende.

14. Die aber erheben ihre Stimme und jauchzen,
ob Jehova's Majestät jubeln sie vom Meere her.

15. Drum preiset den Jehova in Osten,
auf den Inseln des Meeres den Namen Jehova's,
des Gottes Israel.

16. Von der Erde Saum hören wir Gesänge:
„Preis dem Gerechten!"
Ich (aber) sage: ich vergehe, ich vergehe, wehe
mir!
die Räuber rauben, die Räuber rauben den Raub.

17. Bestürzung, Stürzung und Sturz *
über dich, Bewohner des Landes.

18. Wer in Bestürzung flieht, stürzt in die Grube,
wer aus der Grube steigt, stürzet in Schlingen;
denn die Schleusen der Himmels-Höhe thun sich
auf,
und es beben die Gründe der Erde.

19. Es zittert * die Erde,
es splittert * die Erde,
es schüttert * die Erde.

20. Es wankt die Erde, wie ein Trunkener,
sie schwankt, wie eine Hangematte,
schwer liegt auf ihr ihre Sünde,
sie fällt und steht nicht wieder auf.

21. An jenem Tage straft Jehova die Mächte der
Höhe in der Höhe,
und die Könige der Erde auf Erden.

22. Sie werden gefangen versammelt im Gefängniss,
    verschlossen ins Verschloss,
    und nach langer Zeit erst vorgefordert.
23. Es erröthet der Mond, und schämt sich die Sonne,
    wenn Jehova der Heerscharen herrscht auf dem
                Berge Zion und in Jerusalem,
    vor seinen Aeltesten in der Herrlichkeit.

XXV, 1. Jehova, mein Gott bist du,
    ich erhebe dich, ich preise deinen Namen,
    denn du hast Wunder vollbracht,
    alte Rathschlüsse, mit Wahrheit und Treue.
2. Du hast zum Steinhaufen die Stadt gemacht,
    zu Trümmern die unzugängliche Stadt,
    die Burg der Barbaren ist zerstört,
    in Ewigkeit wird sie nicht aufgebaut.
3. Darum preisen dich mächtige Völker,
    die Städte gewaltiger Nationen ehren dich.
4. Denn du bist eine Zuflucht dem Elenden,
    eine Zuflucht dem Leidenden in der Bedrängniss,
    Schutz gegen Wetter, Schatten gegen Hitze,
    wenn der Zornhauch der Tyrannen dem Sturme
                gleicht, der Wände stürzt.
5. Wie die Gluth in dürrem Lande,
    so beugst du der Barbaren Toben,
    (wie) die Gluth durch einer Wolke Schatten,
    so wird gedämpft der Tyrannen Triumphgesang.
6. Und Jehova der Heerscharen bereitet allen Völ-
                kern auf diesem Berge
    ein Mahl von fetten Speisen und von alten Weinen,
    von markigem Fett, von geläutertem alten Wein.
7. Er vernichtet auf diesem Berge den Schleyer, der
                alle Völker verschleyert,
    die Hülle, die alle Nationen verhüllt.
8. Er vernichtet den Tod auf ewig,

der Herr Jehova wischt die Thränen von jeglichem
Antlitz,
die Schmach seines Volks nimmt er weg von der
Erde;
denn Jehova spricht's.

9. An jenem Tage spricht man: „Siehe, unser Gott
(ist's),
„auf den wir harren und der uns rettet,
„Jehova ist's, auf den wir harren,
„lasst uns frohlocken und seiner Hülfe uns freuen."

10. Denn es ruht Jehova's Hand auf diesem Berge,
und Moab wird zertreten an seinem Orte,
wie Stroh zertreten wird im Mistpfuhl.

11. Es breitet seine Hände darin aus,
wie sie der Schwimmer breitet beym Schwimmen,
er aber beuget seinen Uebermuth
und (straft) seiner Hände Hinterlist.

12. Die hohen Vesten deiner Mauern stürzt er,
beugt er, streckt er zur Erde, in den Staub.

XXVI, 1. An jenem Tage singt man dieses Lied
im Lande Juda's:
„Eine feste Stadt haben wir,
„(Gottes) Beystand ist uns Mauer und Graben.

2.   „Oeffnet die Thore,
„dass einziehe ein gerechtes Volk,
„welches die Treue bewahret.

3. „Wer festen Sinnes ist, dem bewahrest du Heil,
Heil,
„weil er auf dich vertraut.

4. „Vertrauet auf Jehova in Ewigkeit,
„denn Jehova *) ist Gott, ein ewiger Fels.

---

*) Ein ewiger, unveränderlicher Gott, mit Rücksicht
auf die Bedeutung.

5. „Denn er stürzte die Bewohner der Burg,
   „die ragende Stadt streckte er nieder,
   „streckte sie nieder zur Erde,
   „beugte sie in den Staub.
6. „Es tritt sie der Fuss,
   „die Füsse des Armen, die Schritte der Elenden.
7. „Der Weg des Schuldlosen ist gerecht,
   „ein gerechter Gott, ebnest du des Schuldlosen
         Strasse.
8. „Und auf dem Wege deiner Gerichte harren wir,
         Jehova, dein,
   „nach deinem Namen und deinem Gedächtniss
         sehnet sich das Herz.
9. „Meine Seele sehnt sich nach dir in der Nacht,
   „und mein Geist in meinem Innern sucht dich,
   „denn wenn deine Gerichte auf Erden walten,
   „lernen Gerechtigkeit der Welt Bewohner.
10. „Wird der Frevler begnadigt,
   „lernt er nicht Gerechtigkeit;
   „im Lande des Rechtes frevelt er,
   „und schaut nicht auf Jehova's Majestät.
11. „Jehova! mächtig ist deine Hand,
   „(aber) sie sahen es nicht,
   „(dann) sahen sie zur Beschämung deinen Eifer
         für das Volk,
   „und Feuer frass deine Feinde.
12. „Jehova! du gabst uns Frieden,
   „denn all' unser Thun thust du für uns.
13. „Jehova, unser Gott! es beherrschten uns Herren,
         ausser dir,
   „nur durch dich rufen wir deinen Namen an.
14. „Todt sind sie, leben nicht wieder auf,
   „Schatten, und stehen nicht wieder auf,
   „weil du geahndet und sie vertilgt,
   „und jedes Andenken an sie vernichtet hast.

15. „Mehre das Volk, Jehova,
„Mehre das Volk, und verherrliche dich,
„erweitere alle Grenzen des Landes.

16. „Jehova, in der Bedrängniss blickten sie auf
dich!
„ergossen sich in Gebete, als deine Züchtigung
sie traf.

17. „Wie eine Schwangere, wenn die Geburt naht,
„von Wehen ergriffen, schreit in ihren Schmerzen,
„so waren wir vor dir, Jehova!

18. „Wir waren schwanger, empfanden Wehen,
„doch als wir gebaren, war es Wind.
„Nicht ist das Land gerettet,
„seine Einwohner sind nicht wiedergeboren.

19. „Mögen deine Todten wieder aufleben,
„deine Leichname auferstehen!
„Wacht auf und jubelt, ihr Bewohner des Staubes,
„denn ein Thau des Lebens ist dein Thau,
„die Erde gebiert die Schatten wieder.“

20. Auf, mein Volk, geh in deine Kammern,
schleuss die Thüren hinter dir,
verbirg dich einen kleinen Augenblick,
bis vorüber das Strafgericht.

21. Denn siehe! Jehova zieht aus von seinem Wohnsitz,
an den Bewohnern der Erde ihre Missethat zu
ahnden,
die Erde offenbart ihre Blutschuld,
und deckt nicht mehr die Gemordeten.

XXVII, 1. An jenem Tage straft Jehova mit seinem
Schwerte,
dem schweren und grossen und gewaltigen,
den Leviathan, die flüchtige Schlange,
und den Leviathan, die gewundene Schlange,
und tödtet das Ungeheuer im Meer.

2. An jenem Tage singet vom Weinberge also:
3. „Ich, Jehova, bin sein Hüter,
  „will ihn täglich tränken,
  „dass ihn niemand angreife,
  „will ich Tag und Nacht ihn hüten.
4. „Zorn habe ich nicht mehr;
  „o treff' ich nur die Dornen und Disteln, im
            Kriege
  „will ich sie angreifen,
  „und zusammt verbrennen.
5. „Sie müssten denn bey mir Schutz suchen,
  „und mir Frieden gewähren,
  „und gewähren mir Frieden."
6. In der Folgezeit schlägt Jakob Wurzel,
  blühet und sprosset Israel,
  und füllt mit Früchten die Welt.
7. Schlug er wohl Israel wie die, die ihn schlugen?
  fielen seine Erschlagenen, wie die, so ihn er-
      schlugen?
8. Mit Maassen, durch Verstossung straftest du es,
  es entrückend in heftigem Sturm, am Tage des
      Ostes.
9. Aber dadurch ist gesühnt Jakobs Schuld,
  und dieses die Frucht der weggeschafften Sünde,
  dass man die Steine der Altäre wie Kalksteine
      zertrümmerte,
  und nicht mehr stehen die Astarten und Sonnen-
      Säulen.
10. Denn die (einst) feste Stadt steht öde,
  eine verstörte Wohnung, verlassen wie die Wüste,
  dort weiden Kälber und lagern sich
  und verzehren ihr Laub.
11. Wenn ihre Zweige trocken sind, werden sie ab-
      gebrochen,
  es kommen Weiber und zünden sie an.

Denn kein verständiges Volk war es:
drum erbarmte sich sein Schöpfer seiner nicht,
und der es bildete, war ihm nicht gnädig.

12. Aber es geschieht an jenem Tage, dass Jehova
Ernte hält,
von des Euphrat's Strom bis an den Bach Aegyptens,
und ihr werdet einzeln aufgelesen, Söhne Israels.

13. An jenem Tage wird in die grosse Drommete
gestossen,
und es kommen die Verbannten im Lande Assur
und die Verstossenen in Aegyptenland,
und beten an vor Jehova, auf dem heiligen Berge
in Jerusalem.

Cap. XXVIII — XXXIII.

*Strafreden gegen eine irreligiöse und
lasterhafte Volkspartey, die bey der be-
vorstehenden Invasion Assyriens zum Bündniss mit Aegypten rieth, Abmahnung von
diesem Bündniss, und Verkündigung
jener Invasion.*

Cap. XXVIII.

*Das Reich Ephraim geht unter durch seine Ausschwei-
fungen. Daran sollen die irreligiösen Vornehmen in
Juda ein Beyspiel nehmen, denn auch ihnen droht
Untergang.*

1. Wehe der stolzen Krone der Trunkenen in
Ephraim,

der welken Blume, die sein herrlicher Schmuck
    ist,
auf dem Haupt des fetten Thals der Weinbe-
    rauschten.

2. Siehe, ein Starker, Gewaltiger kommt vom
    Herrn,
gleich Hagelwetter und verderblichem Sturm,
gleich einem Wetter mit grossen überströmenden
    Fluthen,
wirft er sie zur Erde mit Macht.

3. Mit Füssen wird sie zertreten,
die stolze Krone der Trunkenen in Ephraim.

4. Es geht der welken Blume, die sein herrlicher
    Schmuck war,
auf dem Haupt des fetten Thales,
wie einer Frühfeige, ehe die Ernte ist,
die einer sieht, ergreift, verschlingt.

5. An jenem Tage ist Jehova der Heerscharen
eine herrliche Krone und ein glänzender Kranz *,
für den Rest seines Volkes.

6. Ein Geist des Rechts dem, der zu Gericht sitzt,
und der Stärke denen, die den Feind bis zu sei-
    nen Thoren treiben.

7. Doch auch sie taumeln im Weinrausch,
schwanken vom starken Getränk,
Priester und Propheten taumeln vom starken Ge-
    tränk,
sind übermannt vom Weine,
schwanken vom starken Getränk,
taumeln beym Weissagen,
wanken beym Rechtsprechen.

8. Denn alle Tische sind voll unflätigen Gespey's,
kein Platz ist mehr.

9. „Wen (heisst es) will man Weisheit lehren,

„wem Lehre predigen?

„Sind wir von der Milch Entwöhnte,

„von der Mutterbrust Entnommene?

10. „Denn Gebot auf Gebot, Gebot auf Gebot,

„Verbot auf Verbot, Verbot auf Verbot *,

„bald hier etwas, bald da etwas."

11. Ja durch (Völker) stammelnder Lippe und fremder
    Zunge
    wird (er) zu diesem Volke reden.

12. Er, der zu ihnen sprach:

„Das ist der Weg zur Ruhe, gönnt Ruhe dem Er-
    müdeten,

„das ist der Weg zum Heil,"

aber sie wollten nicht hören.

13. Da war ihnen Jehova's Wort

„Gebot auf Gebot, Gebot auf Gebot,

„Verbot auf Verbot, Verbot auf Verbot,

„bald hier etwas, bald da etwas,"

auf dass sie hingehn und straucheln zurück, und
    die Glieder brechen,

und verstricket und gefangen werden.

14. Darum hört Jehova's Wort,

ihr Spötter, die ihr dies Volk beherrscht,

in Jerusalem.

15. Weil ihr sagt:

„wir haben einen Bund mit dem Tode geschlossen,

„und mit der Unterwelt einen Vertrag gemacht.

„Des Verderbens Geissel, wenn sie daherströmt,
    soll uns nicht erreichen,

„denn wir machen die Lüge zu unserer Zuflucht,

„und hinter Trug verbergen wir uns."

16. Deshalb spricht der Herr Jehova also:

Siehe, ich habe in Zion einen (Grund-) Stein
    gelegt

einen bewährten, einen Eckstein, kostbar und fest
   gegründet,
wer ihm traut, darf nicht fliehen.

17. Ich habe das Recht zur Richtschnur gemacht,
   und die Gerechtigkeit zur Wage,
   Hagel soll der Lügen Zuflucht wegraffen,
   und Fluthen sollen ihre Burg wegschwemmen.

18. Zerstört wird euer Bund mit dem Tode,
   und euer Vertrag mit der Unterwelt nicht bestehen,
   des Verderbens Geissel, wenn sie daherströmt,
   wird sie euch zu Boden treten.

19. So oft sie daherströmt, rafft sie euch fort,
   denn jeden Morgen strömt sie her,
   bey Tag und bey Nacht,
   schon das Gerücht verbreitet Schrecken.

20. Zu kurz wird das Bette seyn, sich zu strecken,
   die Decke zu eng, sich darein zu hüllen.

21. Und wie auf dem Berg Perazim macht sich Jehova auf,
   wie im Thal bey Gibeon zürnet er,
   um sein Werk zu üben, ein befremdend Werk,
   sein Geschäft zu vollbringen, ein unerhört Geschäft.

22. So lasst denn ab vom Spott,
   dass nicht fester werden eure Banden,
   denn Vertilgung und Strafgericht ist mir verkündet
   vom Herrn Jehova der Heerscharen über die ganze
   Erde.

23. Merkt auf und hört meine Stimme,
   horcht und hört mein Wort.

24. Pflügt wohl allezeit der Pflüger, um zu säen,
   furcht und egget er (immerfort) sein Feld?

25. Nicht wahr? wenn er die Fläche geebnet,
   so streuet er Dill, säet Kümmel,
   er setzet Waizen in Reihen,

E

und Gerste hinein *),
und Spelt an den Rand.

26. So unterwies ihn nach dem Recht,
und lehrte ihn sein Gott.

27. Denn nicht mit dem Dreschschlitten drischt man
den Dill,
und wälzt des Dreschwagens Rad über Kümmel,
sondern mit dem Stocke wird der Dill geklopft,
und der Kümmel mit dem Stecken.

28. Brodkorn wird gedroschen;
doch drischt man es nicht immerfort,
man treibt des Wagens Räder
und die Rosse, doch zermalmt man's nicht.

29. Auch dieses kommt von Jehova der Heerscharen,
sein Rath ist wunderbar, seine Weisheit gross.

Cap. XXIX.

*Jerusalem wird belagert, aber gerettet werden. Fort-
gesetzte Rüge der Gesetzlosigkeit.*

1. Wehe Ariel, Ariel,
der Stadt, die David bewohnte!
Setzt Jahr zu Jahr,
lasst die Feste kreisen;

2. Dann bedränge ich Ariel;
da gibt es Aechzen und Geächz,
aber es bleibt mir als Ariel.

3. Ich umlagere dich im Kreise,
ich ängstige dich mit Kriegsvolk,
ich errichte Bollwerke gegen dich.

---

*) Im Original Paronomasie: חִטָּה שׂוֹרָה וּשְׂעֹרָה נִסְמָן.
Waizen reihenweise, und Gerste auf das bestimmte
Feld.

4. Dann redest du tief zur Erde gebeugt,
   vom Staube her mit gedämpfter Stimme,
   gleich dem Schatten unter der Erde hervor,
   wie aus dem Staube flüstert deine Rede.
5. Doch wird wie dünner Staub deiner Feinde Menge,
   wie verfliegende Spreu der Barbaren Menge,
   und plötzlich, im Augenblick.
6. Von Jehova der Heerscharen kommt die Ahndung
   mit Donner, Erdbeben und grossem Gekrach,
   mit Sturm und Wetter,
   und verzehrender Feuerflamme.
7. Wie im Traume, im Nachtgesicht, geht's der
                         Völkermenge,
   die gegen Ariel streitet,
   die gegen seine Burgen streitet,
   und es ängstiget.
8. Es ist, als ob ein Hungriger träumt, er ässe;
   er wacht auf, und seine Seele hungert;
   und als ob ein Durstiger träumt, er tränke,
   er wacht auf, und siehe! er lechzt und seine Seele
                         schmachtet.
   So geht's der Völkermenge, die gegen den Berg
                         Zion streitet.

9. Harret nur, ihr sollt schon starren *,
   lustig nur, ihr sollt schon staunen!

   Trunken sind sie, ohne Wein;
   sie wanken, ohne berauschend Getränk.
10. Denn Jehova goss über euch einen Geist der
                         Schlafsucht,
    schloss eure Augen [die Propheten],
    und eure Häupter [die Seher] verhüllte er.
11. Euch ist das ganze Gesetz wie ein versiegelt Buch,
    das man einem gibt, der sich auf Schrift versteht,
                und sagt: „Lies das einmal!"

Er aber spricht: „ich kann nicht, denn es ist
          versiegelt."

12. Man gibt das Buch dann einem, der sich nicht
          auf Schrift versteht, und sagt:
          „lies das einmal!"
Er aber spricht: „ich verstehe mich nicht auf
          Schrift!"

13. Drum spricht der Herr: weil sich dies Volk
          (mir) naht,
mit seinem Munde und seinen Lippen mich ehrt,
sein Herz aber ferne hält von mir,
und seine Gottesfurcht eitel gelernte Menschen-
          satzung ist;

14. Darum handle ich fürder wunderbar mit diesem
          Volke, wunderbar und wundersam,
es schwindet die Weisheit seiner Weisen,
und die Klugheit seiner Klugen verbirgt sich.

15. Wehe denen, die ihren Rath tief verbergen vor
          Jehova,
deren Werke in Finsterniss,
die da sagen: „wer sieht uns? wer weiss von uns?"

16. O eurer Verkehrtheit!
Ist der Töpfer nicht mehr als der Thon?
dass das Werk von seinem Meister sage: „er schuf
          mich nicht!"
und das Gebild vom Bildner sage: „er versteht nichts!"

17. Siehe! noch ein kleines wenig,
dann wird der Libanon wieder zum Baumgarten,
und der Baumgarten dem Walde gleich.

18. Dann hören die Tauben die Worte der Schrift,
aus Nacht und Finsterniss hervor schauen der
          Blinden Augen.

19. Da freuen überschwenglich sich des Jehova die
          Leidenden,
die Armen frohlocken dem Heiligen Israels;

20. Dass geendet der Tyrann, vertilgt ist der Spötter,
und ausgerottet alle Wächter des Unrechts,
21. die den Niedern verdammten vor Gericht,
die ihm Schlingen legten, wenn er rechtete im
Thore,
und stürzten durch Trug den Gerechten.
22. Darum spricht Jehova vom Hause Jakobs,
(er) der den Abraham beschützte:
Nun wird Jakob nicht zu Schanden,
nun sein Antlitz nicht vor Scham erblassen.
23. Wenn seine Kinder schauen meine Strafgerichte,
heiligen sie in seiner Mitte meinen Namen.
Sie heiligen den Heiligen Jakobs,
sie ehren den Gott Israels;
24. es lernen, die verkehrten Sinnes waren, Weisheit,
die Widerspenstigen nehmen Warnung an.

Cap. XXX.

Rüge des ägyptischen Bündnisses, der Kriegslust und
des Mangels an Gottesfurcht. Assyrien wird fallen
und eine bessere Zeit folgen.

1. Wehe den widerspenstigen Kindern, spricht Jehova,
die Anschläge ausführen ohne mich,
die Bündnisse schliessen ohne meinen Geist,
um Sünde zu häufen auf Sünde.
2. Die hinab nach Aegypten ziehn,
ohne mich zu befragen;
sich zu flüchten unter Pharao's Schutz,
zu fliehen unter den Schatten Aegyptens.
3. Euch wird Pharao's Schutz zur Schande,
die Flucht unter Aegyptens Schatten zur Schmach.
4. Denn zu Zoan sind (schon) seine *) Fürsten,
nach Hanes kamen seine Boten.

---

*) Israels.

5. Aber alle werden zu Schanden
   an diesem Volke, das ihnen nichts frommt,
   nicht Hülfe, nicht Frommen,
   nur Schmach und Schande gewährt.
6. [Orakel von den Last-Thieren des Südens.]
   Durch das Land der Angst und Bedrängniss,
   woher Löwin und Löwe kommen,
   Ottern und fliegende Drachen,
   bringen sie auf der Esel Rücken ihren Reichthum,
   auf der Kameele Höcker ihre Schätze,
   jenem Volke, das nichts frommt.
7. Eitel und leer ist Aegyptens Hülfe,
   darum nenne ich es: Grossmaul, das still sitzt.
8. Nun gehe hin und schreib dies auf eine Tafel
   vor ihnen,
   verzeichne es in ein Buch,
   dass es bleibe für die Folgezeit,
   zum Zeugniss für die Ewigkeit.
9. Denn ein widerspenstig Volk ist dies,
   (den Vater) verleugnende Kinder,
   Kinder, die das Gesetz Jehova's nicht hören wollen,
10. die zu den Sehern sagen: „sehet nicht,“
    zu den Propheten: „weissagt uns nicht das Wahre,
    „sagt uns Schmeicheleyen,
    „weissagt Täuschung;
11. „weicht von dem Wege,
    „lenkt ab von der Bahn,
    „schafft weg vor unserm Angesicht den Heiligen
    Israels.“
12. Darum spricht der Heilige Israels also:
    weil ihr dieses Wort verwerft,
    und vertraut auf Erpressung und auf krumme Wege,
    und euch darauf stützt;
13. Darum wird euch dieser Frevel
    dem Mauerriss gleich, der den Einsturz droht,

der sich hervorbiegt an hoher Mauer,
deren Sturz dann plötzlich kommt, im Augenblick.

14. Sie bricht, gleich einem töpfernen Geschirr,
    das ohne Schonung zertrümmert wird,
    nach dessen Bruch sich keine Scherbe findet,
    mit der man Feuer vom Heerde holte,
    und Wasser aus der Grube schöpfte.

15. Denn also sprach der Herr Jehova, der Heilige
               Israels:
    durch Rückkehr zur Ruhe wäre euch geholfen,
    durch Ruhe und Vertrauen bestünde eure Macht;
    aber ihr wolltet nicht.

16. Ihr spracht: „nein! auf Rossen wollen wir jagen!"
    Drum sollt ihr jagen auf der Flucht!
    „Auf Rennern wollen wir reiten!"
    Ja, rennen werden eure Verfolger!

17. Je tausend werdet ihr vor dem Drohen Eines
    und vor Fünfen (je zehn tausend) fliehn;
    bis dass euer Rest dasteht,
    wie das Heereszeichen auf des Berges Gipfel,
    wie das Panier auf dem Hügel.

18. Und dennoch harrt Jehova noch, dass er euch
               gnädig sey,
    und doch bleibt er noch fern, sich eurer zu er-
               barmen;
    denn ein gerechter Gott ist Jehova.
    Heil allen, die auf ihn harren!

19. Denn, Volk in Zion, das in Jerusalem wohnt,
    du sollst nicht immer weinen,
    er hört erbarmend auf dein Hülfsgeschrey,
    er vernimmt es und erhöret dich.

20. Es gibt euch der Herr Brod im Trübsal und
               Wasser im Elend,
    nicht bergen sich fürder deine Lehrer;
    deine Augen schauen deine Lehrer.

21. Deine Ohren vernehmen den Zuruf hinter dir her:
„Dies ist der Weg, den geht!"
wenn ihr zur Rechten oder Linken weicht.

22. Dann schafft ihr weg das Silber, das eure Götzen
deckt,
die goldene Bekleidung deines Götzenbildes;
du wirfst es hin wie einen Unflath,
„hinaus!" sprichst du zu ihm.

23. Da gibt er Regen deiner Saat,
womit du den Acker besäest,
und das Brod, des Ackers Frucht,
ist nahrhaft und fett;
auf weiten Fluren weidet an jenem Tage deine
Heerde.

24. Die Rinder und die Esel, die den Acker bauen,
fressen gesalzenes Futter,
gereinigt durch Wurfschaufel und Schwinge.

25. Auf jedem hohen Berge und jedem ragenden Hügel
sind Bäche, Wasserströme,
am Tage der grossen Schlacht,
wenn gefallen die Thürme.

26. Dann scheint das Licht des Mondes gleich dem
Sonnenlicht,
das Sonnenlicht aber scheint siebenfach,
[wie das Licht von sieben Tagen,]
wenn Jehova die Schäden seines Volkes verbunden,
die ihm geschlagenen Wunden geheilt.

27. Siehe! der Name Jehova's kommt von ferne,
es brennt sein Zorn, und heftig ist der Brand,
seine Lippen sind voll Grimms,
und seine Zunge wie brennend Feuer.

28. Sein Zornhauch gleicht einem übergetretenen Bach,
der bis an den Hals reicht;
er schwingt die Völker in der Schwinge des Verderbens,

legt den Zaum des Irrsals an den Mund der
Nationen.

29. Ihr aber singet dann, wie in der Nacht der
Festesfeyer;
euer Herz ist froh, wie dessen, der unter Flötenton
hinwallt zum Berge Jehova's, zum Felsen Israels.

30. Ertönen lässt Jehova seine majestätische Stimme,
sehen die Streiche seines Arms,
im Grimm des Zorns, mit verzehrender Feuerflamme,
mit Wasserfluth und Regen und Hagelsteinen.

31. Wenn vor Jehova's Stimme Assyrien verzagt,
dann erschlägt er es mit der Geissel.

32. Und so oft die verhängte Geissel trifft,
die Jehova auf sie senkt,
da tönen Pauken und Zithern.
Im Kriegsgetümmel kämpft er gegen sie.

33. Denn längst ist die Brandstätte bereitet;
auch dem Könige ist sie zugerichtet,
tief und breit ist ihr Holzstoss,
Feuer und Holz in Menge;
der Hauch Jehova's zündet ihn, gleich Schwefel-
strömen, an.

Cap. XXXI.

Nicht Aegypten, sondern Jehova wird Israel retten.

1. Wehe denen, die hinabziehen nach Aegypten um
Hülfe,
die auf Rosse sich verlassen,
die auf Wagen vertrauen, weil ihrer viel,
auf Reiter, weil sie so zahlreich sind;
die nicht schauen auf den Heiligen Israels,
die an Jehova sich nicht wenden.

2. Und auch Er ist weise —

er lässt Unglück kommen und nimmt seine Worte
      nicht zurück;
er macht sich auf wider der Frevler Haus,
und gegen die Hülfe der Uebelthäter.

3. Die Aegypter sind Menschen und nicht Gott,
   ihre Rosse Fleisch und nicht Geist.
Jehova aber wird seine Hand ausstrecken,
dann strauchelt der Helfer, und fällt, der sich
      helfen lässt,
und alle zusammt kommen um.

4. Denn also spricht Jehova zu mir:
Wie wenn der Löwe und der junge Löwe über
      der Beute murmelt,
und, wenn man der Hirten Menge gegen ihn zu-
      sammen ruft,
ob ihrer Stimme nicht verzagt, vor ihrer Menge
      nicht muthlos wird,
so steigt Jehova der Heerscharen herab, um zu
      streiten auf dem Berge Zion und
      seinem Hügel.

5. Gleich Vögeln, die (über den Jungen) schweben,
wird Jehova der Heerscharen Jerusalem schirmen,
schirmen und erretten, schonen und befreyen.

6. Kehrt um zu dem, von dem man tief abgefallen,
      ihr Söhne Israels!

7. Denn an jenem Tage verwirft ein jeder seine
      silbernen Götzen und seine golde-
      nen Götzen,
die eure Hände sich bildeten zur Sünde.

8. Es fällt Assyrien, nicht durch Mannes-Schwert,
nicht Menschen-Schwert wird es hinraffen;
es flüchtet sich vor dem Schwerte,
und seine Jünglinge werden Sclaven.

9. Vor seiner Veste flieht es vorbey aus Furcht,

vor jedem Heereszeichen zagen seine Fürsten,
spricht Jehova,
dessen heiliges Feuer auf Zion brennt,
und dessen Heerd in Jerusalem.

Cap. XXXII.

Glückliche Zeiten nach dem Unglück.

1. Siehe! dann herrscht in Gerechtigkeit der König,
und die Fürsten walten nach dem Rechte.

2. Ein jeder ist gleich einer Zuflucht vor dem Winde,
und einem Schirm im Wetter,
gleich Wasserbächen in der Dürre,
gleich eines grossen Felsens Schatten im durstigen
Lande.

3. Nicht mehr sind verblendet der Sehenden Augen,
der Hörenden Ohr merkt auf.

4. Der Unbesonnenen Herz lernt weise seyn,
der Stammler Zunge weiss deutlich zu reden.

5. Nicht mehr wird der Thor ein Edler genannt,
nicht mehr grossmüthig der Arglistige.

6. Ja! der Thor redet Thorheit,
und sein Herz wirkt Bosheit,
er handelt ruchlos, er redet Lästerung gegen Gott,
er lässt die hungrige Seele darben,
und wehrt dem Durstigen den Trank.

7. Der Arglist Rüstzeug *) ist gefährlich,
er sinnt auf List,
zu verderben die Leidenden durch lügende Worte,
wenn gleich des Armen Sache gerecht ist.

---

*) Oder: des Verräthers Geräth. Im Original die Paro-
nomasie: כֵּלָיו כֵּלַי.

8. **Der Edle sinnt auf Edles,**
   und beym Edlen beharrt er.
9. Ihr sicheren Weiber, auf! höret meine Stimme;
   ihr sorglosen Töchter, vernehmt meine Rede.
10. In Jahr und Tag, da werdet ihr Sorglosen beben,
    wenn die Weinlese dahin ist, keine Obsternte kommt.
11. Zittert, ihr Sichern! bebet, ihr Sorglosen!
    „Zeuch aus, entblösse dich, einen Gurt um die
    Lenden!"
12. Um das Fruchtgefilde jammert man,
    um das anmuthige Gefild,
    um den fruchtbaren Weinstock.
13. Auf meines Volkes Acker sprossen Dornen und
    Disteln,
    ja in allen Häusern der Freude, in der froh-
    lockenden Stadt.
14. Denn der Palast wird verlassen,
    öde das Getümmel der Stadt;
    Hügel und Thurm dienen zu Höhlen auf lange,
    der Waldesel Lust und der Heerden Trifft;
15. bis ein neuer Geist sich über uns ergiesst von oben,
    und die Wüste wird zum Baumgefild,
    das Baumgefild zum Walde.
16. Dann wohnt Recht in der Wüste,
    und Gerechtigkeit im Baumgefilde;
17. und der Gerechtigkeit Werk ist Friede,
    und der Gerechtigkeit Frucht Ruhe und Sicherheit
    auf ewig.
18. Dann wohnt mein Volk in der Wohnung des
    Friedens,
    in sicheren Hütten, in friedlichen Ruhestätten.
19. Aber unter Hagelsturz stürzet *) der Wald,
    in Niedrigkeit sinkt (der Feinde) Stadt.

---

*) Paronomasie: בָּרַד בְּרֶדֶת.

20. Heil euch! die ihr an lauter Gewässern säet,
und Rind und Esel frey irren lasst.

Cap. XXXIII.

*Assyrien geht unter nebst den Sündern in Zion. Die
entsündigte Stadt aber wird geschützt.*

1. Wehe dir! Verwüster, der noch nie verwüstet,
Räuber, der noch nie beraubet.
Wenn du zu Ende verwüstet, wirst du verwüstet,
wenn du mit Rauben fertig, wirst du beraubt.

2. Jehova! sey uns gnädig, auf dich harren wir,
sey unser Beystand an jedem Morgen,
unsere Hülfe zur Zeit der Noth!

3. Vor (deiner) Donnerstimme fliehen die Völker,
wenn du dich erhebst, zerstreuen sich die Nationen.

4. Man erntet Beute, wie Grillen Ernte halten;
wie Heuschrecken rennen, rennt man darnach.

5. Erhaben ist Jehova;
er bewohnt die (Himmels-) Höhe,
er füllt Zion mit Recht und Gerechtigkeit.

6. Und sicher sind deine Tage,
reich an Glück ist deine Weisheit, dein Verstand;
Die Gottesfurcht, die ist dein *) Schatz.

7. Siehe! die Helden schreyen draussen;
die Friedensboten weinen bitterlich.

8. Oede liegen die Strassen,
es feyert der Wanderer.
Er bricht den Bund, achtet nicht der Städte,
schont nicht der Menschen.

9. Es trauert und schmachtet das Land,
beschämt steht der Libanon und abgestorben,

---

*) Eig. sein.

Saron gleicht einer Wüste,
blätterlos stehen Basan und Carmel.

10. Nun mache ich mich auf, spricht Jehova,
     nun erhebe ich mich, nun richte ich mich auf.

11. Ihr werdet schwanger gehn mit Heu, und Stop-
     peln gebären,
     und euer Zorn ist das Feuer, das euch frisst.

12. Die Völker werden wie Kalk verbrannt,
     wie man abgehauene Dornen mit Feuer versengt.

13. Höret es, ihr Fernen, was ich gethan,
     vernehmt, ihr Nahen, meine Macht.

14. Es erbeben in Zion die Sünder;
     Zittern ergreift die Gottlosen:
     „wer mag wohnen bey dem verzehrenden Feuer,
     „wer bey diesen ewigen Gluthen?"

15. Wer in Gerechtigkeit wandelt, und redet, was
     recht ist,
     wer unrechten Gewinn verschmäht,
     wessen Hand sich wehret, Bestechung zu nehmen,
     wer sein Ohr verstopft, nicht zu hören den Blutrath,
     wer seine Augen verschliesst, das Unrecht nicht
     zu schauen.

16. Der wohnt auf Höhen,
     Felsenburgen sind sein Schutz,
     sein Brod wird ihm gegeben, sein Wasser ver-
     siegt nie.

17. Den König in seiner Herrlichkeit schauen deine
     Augen,
     sie schauen fernes Land.

18. Dein Herz gedenkt der Schreckenszeit.
     Wo ist nun, der Schatzung schrieb und nachwog?
     wo, der die Thürme musterte?

19. Das freche Volk siehst du nicht mehr,
     das Volk von dunkler Rede, die man nicht vernimmt,
     von barbarischer Zunge, die man nicht versteht.

20. Schauen sollst du Zion, unserer Feste Stadt,
deine Augen sehen Jerusalem als ruhige Wohnung,
als Zelt, das nicht verrückt, dessen Pflöcke nimmer
heraus gezogen,
dessen Seile nie losgerissen werden.
21. Denn dort erscheint uns Jehova herrlich,
statt aller Flüsse und breiten Gräben,
über die kein Ruderschiff gelangt,
kein grosses Schiff hinüber kommt.
22. Denn Jehova, unser Herrscher, Jehova, unser
Gebieter,
Jehova, unser König, der rettet uns.
23. Schlaff hangen ihre *) Seile,
sie halten nicht den Mastbaum
und spannen nicht das Segel.
Dann wird Beute und Raub getheilt in Menge,
selbst Lahme rauben mit.
24. Und kein Einwohner spricht: „ich bin krank,“
dem Volke, das drinnen wohnt, ist seine Sünde
verziehen.

Cap. XXXIV. XXXV.

*Untergang der Feinde, vorzüglich Edoms,
und Israels Rückkehr ins Vaterland.*

XXXIV, 1. Nahet euch, ihr Völker, und hört,
ihr Nationen, merket auf!
Es höre die Erde und was sie erfüllt,
der Erdkreis und all' seine Sprösslinge.
2. Denn Jehova zürnt auf alle Völker,
ist ergrimmt über all' ihr Heer;
er flucht ihnen und gibt sie dem Würgen preis.

---

*) Eig. deine.

3. Ihre Erschlagenen sind hingeworfen,
   von ihren Leichnamen steigt Gestank auf;
   die Berge zerfliessen von ihrem Blute.

4. Das ganze Himmelsheer vergeht,
   die Himmel rollen sich, wie ein Buch;
   all' ihr Heer fällt herab, wie welke Blätter vom
                                Weinstock,
   wie das Welke vom Feigenbaume.

5. Denn trunken fährt mein Schwert vom Himmel,
   siehe! es fährt auf Edom herab,
   auf das fluchbeladene Volk, zum Strafgericht.

6. Das Schwert Jehova's wird voll Blut, mit Fett
                                bedeckt,
   vom Blut der Lämmer und Böcke,
   vom Nierenfette der Widder.
   Denn ein Opfer hält Jehova in Bozra,
   ein grosses Schlachten im Lande Edom.

7. Mit jenen fallen wilde Büffel,
   zahme Stiere, jung und alt.
   Getränkt mit Blut wird das Land,
   der Boden mit Fett gedüngt.

8. Denn ein Tag der Rache (kommt) vom Herrn,
   ein Jahr der Vergeltung, um Zion zu rächen.

9. Seine Bäche verwandeln sich in Pech,
   sein Boden in Schwefel,
   zu brennendem Pech wird sein Land.

10. Tag und Nacht verlischt es nicht,
    ewig steigt sein Rauch empor;
    von Geschlecht zu Geschlecht bleibt es zerstört,
    in ewiger Zeit geht niemand darüber.

11. Pelekan und Igel besitzen es,
    Reiher und Raben bewohnen es,
    man zieht darüber die Messschnur der Verwüstung,
    das Senkbley der Verödung.

12. Seine Edlen rufen keinen König mehr aus,
    alle seine Fürsten sind dahin.
13. In seinen Pallästen sprossen Dornen auf,
    Nesseln und Disteln in seinen Vesten,
    es wird der Schakale Wohnung,
    der Straussen Gehöfte.
14. Da begegnen sich wilde Katzen und Hunde,
    ein Waldteufel ruft dem andern zu;
    nur dort rastet der nächtliche Kobold,
    und findet seine Ruhe.
15. Dort nistet die Pfeilschlange und legt ihre Eyer,
    sie brütet über ihnen und den Jungen in ihrem Schat-
    ten;
    nur Geyer sammeln sich dort zu einander.
16. Forschet (einst) im Buche Jehova's und leset,
    keines von diesen bleibt aus,
    keines vermisset das andere.
    Denn sein Mund befahl es,
    und seine Macht, die führte sie her.
17. Er wirft ihnen das Loos,
    seine Hand theilt es unter sie mit der Messschnur;
    in Ewigkeit werden sie es besitzen,
    und von Geschlecht zu Geschlecht darin wohnen.

Cap. XXXV.

1. Dess freuet sich die Wüste und das dürre Land,
   es frohlocket die Wildniss und sprosst gleich Narzis-
   sen auf.
2. Sie blühet und frohlocket mit Jubel und Jauchzen,
   die Pracht des Libanon wird ihr gegeben,
   die Herrlichkeit von Carmel und Saron;
   sie schauen die Pracht Jehova's, die Herrlichkeit
   unseres Gottes.
3. Stärket die matten Hände,
   festigt die wankenden Knie!

F

4. Sagt zu den Furchtsamen: „seyd getrost und fürch-
      tet nicht;
  „seht dort euren Gott, Rache kommt, Vergeltung
      Gottes,
  „er kommt und rettet euch!"
5. Dann öffnen sich der Blinden Augen,
  die Ohren der Tauben thun sich auf.
6. Dann hüpft wie ein Hirsch der Lahme,
  es jubelt die Zunge des Stummen;
  denn in der Wüste thun sich Gewässer auf,
  und Bäche in der Wildniss.
7. Das Sandmeer wird zum Teiche,
  das durstige Land zu Wasserquellen;
  in der Schakalen Wohnung, wo ihr Lager,
  wohnt bald Schilf und Rohr.
8. Dort ist Bahn und Strasse,
  die man heilige Strasse nennt;
  kein Unreiner betritt sie, sie ist für sie (allein);
  wer den Weg geht, selbst Thoren, können nicht
      irren.
9. Dort wird kein Löwe seyn,
  kein reissend Thier wird dort hinaufziehn,
  noch sich dort finden lassen;
  nur Erlöste gehen dort.
10. Von Jehova Gerettete kehren zurück,
  sie kommen nach Zion mit Jubel,
  ewige Freude umstrahlet ihr Haupt,
  Freude und Jubel finden sie,
  Schmerz und Jammer fliehen.

Cap. XXXVI—XXXIX.

Geschichtliche Begebenheiten aus der Regierungszeit des Königs Hiskia.

(Vgl. 2 Kön. XVIII, 13 — XX, 19.)

Cap. XXXVI.

Sanheribs Kriegszug und Aufforderung Jerusalems.

1. Und es geschah im vierzehnten Jahre des Königs Hiskia, da zog heran Sanherib, König von Assyrien, wider alle festen Städte Juda's und eroberte sie. 2. Und es sandte der König von Assyrien den Rabsake von Lachis gen Jerusalem wider den König Hiskia mit einem grossen Heere; und er hielt an der Wasserleitung des obern Teiches, an der Strasse des Wäscherfeldes. 3. Da ging zu ihm heraus Eljakim, der Sohn Hilkia's, der Schlosshauptmann, und Sebna der Schreiber, und Joach, der Sohn Asaph's, der Canzler.

4. Und Rabsake sprach zu ihnen: saget dem Hiskia: so spricht der grosse König, der König von Assyrien: welch' ein (thörichtes) Vertrauen ist es, das du hegst! 5. Ich spreche: nur ein leeres Geschwätz ist es, dass ihr Rath und Macht zum Kriege hättet. Wohlan! auf wen vertrauest du denn, dass du von mir abtrünnig worden? 6. Siehe! du vertrauest auf jenen zerbrochenen Rohrstab, auf Aegypten, der, wenn sich jemand auf ihn stützet, ihm in die Hand geht und sie durchsticht; also ist Pharao, der König von Aegypten, allen, die auf ihn vertrauen. 7. Und wenn du zu mir sagst: „auf Jehova, unsern Gott vertrauen wir;“ — ists nicht der', dessen Höhen und Altäre Hiskia abgeschafft, indem er sprach zu Juda und Jerusalem, „vor diesem Al-

F 2

tare sollt ihr anbeten?" 8. Wohlan, nimm es auf mit meinem Herrn, dem Könige von Assyrien! Ich will dir zweytausend Rosse geben, wenn du die Reiter darauf liefern kannst. 9. Wie willst du doch widerstehen einem einzigen Befehlshaber, einem der geringsten Knechte meines Herrn? Aber du vertrauest auf Aegypten wegen Wagen und Reitern. 10. Und nun, bin ich etwa ohne Jehova heraufgezogen wider dieses Land, es zu verheeren? Jehova sprach zu mir: „Ziehe hinauf wider dieses Land und verheere es!"

11. Da sprachen Eljakim und Sebna und Joach zu Rabsake: rede doch zu deinen Knechten auf Syrisch, denn wir verstehen es; und rede nicht zu uns auf Jüdisch vor den Ohren des Volkes, das auf der Mauer ist. 12. Und Rabsake sprach: Hat mich mein Herr zu deinem Herrn und zu dir gesandt, solches zu reden? und nicht zu den Männern, die auf der Mauer sitzen, um ihren Koth zu essen und ihren Harn zu trinken mit euch?

13. Und Rabsake trat hin und rief mit lauter Stimme auf Jüdisch und sprach: Höret die Worte des grossen Königs, des Königs von Assyrien. 14. So spricht der König: lasset euch nicht täuschen von Hiskia, denn er vermag nicht, euch zu retten. 15. Und lasset euch nicht vertrösten von Hiskia auf Jehova, wenn er spricht: „Jehova wird uns gewisslich retten, und diese Stadt wird nicht gegeben in die Hand des Königs von Assyrien." 16. Höret nicht auf Hiskia! denn so spricht der König von Assyrien: Machet mit mir Friede und kommt heraus zu mir, so sollt ihr essen ein jeglicher von seinem Weinstock, und ein jeglicher von seinem Feigenbaum, und trinken ein jeglicher das Wasser seiner Grube; 17. bis ich komme und euch hole in ein Land, wie euer Land, ein Land mit Korn und Most, ein Land mit Brod und Weinbergen. 18. Lasst euch nicht bereden von Hiskia, wenn er spricht: „Jehova wird uns retten!" Haben denn

die Götter der (andern) Völker ein jeglicher sein Land gerettet aus der Hand des Königs von Assyrien? 19. Wo sind die Götter von Hamath und Arpad? Wo die Götter von Sepharvaim, und dass sie Samaria gerettet hätten aus meiner Hand? 20. Wer ist unter allen Göttern dieser Länder, der sein Land gerettet aus meiner Hand? dass Jehova sollte Jerusalem retten aus meiner Hand? 21. Sie aber schwiegen still und antworteten ihm kein Wort; denn es war Befehl des Königs: „antwortet ihm nicht!" 22. Da kam Eljakim, der Sohn Hilkia's, der Schlosshauptmann, und Sebna, der Schreiber, und Joach, der Sohn Asaph's, der Canzler, zu Hiskia mit zerrissenen Kleidern und meldeten ihm die Worte Rabsake's.

Cap. XXXVII.

Auf Hiskia's Gebet verkündet der Prophet Errettung.
Das assyrische Heer wird vernichtet.

1. Da das der König Hiskia hörte, zerriss er seine Kleider und hüllete sich in Trauergewand, und ging ins Haus Jehova's. 2. Und er sandte Eljakim den Schlosshauptmann, und Sebna den Schreiber, und die Aeltesten der Priester, gehüllt in Trauergewand, zu Jesaia dem Propheten, dem Sohne Amoz. 3. Und sie sprachen zu ihm: So spricht Hiskia: ein Tag der Bedrängniss und der Züchtigung und der Schmach ist dieser Tag, denn die Kinder sind bis zum Muttermund gekommen, und keine Kraft ist da, um zu gebären. 4. Vielleicht hört Jehova, dein Gott, alle Worte Rabsake's, welchen der König von Assyrien, sein Herr, gesandt, den lebendigen Gott zu höhnen und zu schmähen mit Worten, welche Jehova dein Gott gehöret. So bete denn für den Ueberrest des Volkes, der noch da ist.

5. Also kamen die Knechte des Königs Hiskia zu
Jesaia. 6. Und Jesaia sprach zu ihnen: so sprechet zu
eurem Herrn: so spricht Jehova: fürchte dich nicht vor
den Worten, die du gehöret, womit die Knechte des
Königs von Assyrien mich gelästert haben. 7. Siehe,
ich will ihm einen Geist eingeben, und er soll ein Gerücht
hören und zurückkehren in sein Land, und ich will ihn
durchs Schwert fallen lassen in seinem Lande.
8. Und Rabsake kehrte zurück und fand den König
von Assyrien streitend wider Libna; denn er hatte gehört, dass er aufgebrochen sey von Lachis. 9. Darauf
hörte er von Tirhaka, dem Könige von Aethiopien, dass
man sagte: „er ziehet aus, mit dir zu streiten!" Da er
dies hörte, sandte er Boten zu Hiskia und sprach: 10.
So sprechet zu Hiskia, dem Könige von Juda: lass dich
nicht täuschen von deinem Gott, auf welchen du vertrauest, indem du sprichst: „Jerusalem wird nicht in
die Hand des Königs von Assyrien gegeben werden."
11. Siehe, du hast gehört, was die Könige von Assyrien
gethan haben mit allen Landen, wie sie sie vertilget.
Und Du solltest gerettet werden? 12. Haben denn die
Götter der andern Völker, welche meine Väter zu Grunde gerichtet, sie gerettet? Gosan und Haran und Rezeph
und die Söhne Edens in Telassar? 13. Wo ist der König von Hamath, und der König von Arpad, und der
König der Stadt Sepharvaim, Hena und Ivva?
14. Und Hiskia nahm die Briefe aus der Hand der
Boten und las sie, und ging hinauf ins Haus Jehova's
und breitete sie aus vor Jehova. 15. Und Hiskia betete
zu Jehova und sprach: 16. Jehova der Heerscharen,
Gott Israels, der du über den Cherubs thronst, du bist
allein Gott über alle Königreiche der Erde, und hast
den Himmel und die Erde gemacht. 17. Neige, o Jehova, dein Ohr und höre, öffne, o Jehova, dein Auge und
siehe, und höre alle Worte Sanheribs, die er entboten

um den lebendigen Gott zu höhnen. 18. Fürwahr, Jehova, die Könige von Assyrien haben alle Länder und ihr eigen Land verwüstet. 19. Und haben ihre Götter ins Feuer geworfen; denn sie sind keine Götter, sondern Werk von Menschenhänden, Holz und Stein, die haben sie vertilget. 20. Nun aber, Jehova, unser Gott, hilf uns aus seiner Hand, auf dass alle Königreiche der Erde erkennen, dass du, Jehova, allein es bist.

21. Und es sandte Jesaia, der Sohn Amoz, zu Hiskia und liess ihm sagen: so spricht Jehova, der Gott Israels: du hast zu mir gebetet um Sanheribs, des Königs von Assyrien, willen. 22. Das aber ist das Wort, welches Jehova redet wider ihn:

dich verachtet, dein spottet die Jungfrau, Tochter Zions,

hinter dir her schüttelt das Haupt die Tochter Jerusalems.

23. Wen hast du gehöhnt und gelästert,
und gegen wen die Stimme erhoben,
und deinen stolzen Blick gerichtet?
Gegen den Heiligen Israels.

24. Durch deine Knechte hast du den Herrn gehöhnt
und gesagt:
„Mit meiner Wagen Menge habe ich die Höhen der Berge erstiegen, den äussersten Libanon,
„habe seine hohen Cedern und seine auserlesenen Cypressen umgehauen,
„und bin gekommen bis zu seiner äussersten Höhe, an seinen Gartenwald.

25. „Ich habe Wasser gegraben und getrunken,
„und trockne mit meiner Füsse Tritt alle Ströme Aegyptens.“

26. Hast du nicht gehöret, dass ich schon längst die veranstaltet,

vor langer **Zeit**, da habe ich es bereitet.
Nun habe ich es kommen lassen,
dass du zu wüsten Haufen zerstörtest feste Städte.

27. Und ihre Einwohner, ohnmächtig, verzagten, und
      wurden zu Schanden,
sie wurden wie Gras des Feldes und grünes Kraut,
wie Gras auf den Dächern und Brandkorn, ehe es
      aufgeschossen.

28. Dein Sitzen, deinen Ausgang und deinen Eingang
      kenne ich,
und deinen Uebermuth gegen mich.

29. Ob deines Uebermuthes gegen mich,
und weil dein Toben zu meinen Ohren gekommen,
so lege ich meinen Ring in deine Nase
und mein Gebiss in deine Lippen,
und führe dich zurück auf dem Wege, auf dem du
      gekommen.

30. Und das sey dir das Zeichen:
Ein Jahr asset ihr, was ohne Aussaat wuchs,
im zweyten Jahr, was wieder ohne Aussaat wuchs,
im dritten Jahre sollet ihr säen und ernten,
und Weinberge pflanzen und ihre Frucht essen.

31. Und die Erretteten des Hauses Juda, die übrig ge-
      blieben, sollen unten Wurzel schlagen,
und oben Früchte tragen.

32. Denn von Jerusalem sollen die Uebriggebliebenen
      ausgehn,
und die Erretteten vom Berge Zion,
der Eifer Jehova's der Heerscharen wird solches
      thun.

33. Darum spricht Jehova also vom König von Assyrien:
er wird nicht kommen in diese Stadt,
wird keinen Pfeil hineinschiessen,
und keinen Schild dagegen richten,
und keinen Wall dagegen aufwerfen:

34. Auf dem Wege, worauf er gekommen, wird er zu-
rückgehn,
und in diese Stadt nicht kommen, spricht Jehova.
35. Und ich beschütze diese Stadt und rette sie,
um meinetwillen und um Davids, meines Knechtes,
willen.

36. Da ging der Engel Jehova's aus und erschlug im
Lager der Assyrer hundert und fünf und achtzig tausend.
Und als man am Morgen aufstand, siehe! da waren sie
alle todte Leichen. 37. Da brach Sanherib, der König
von Assyrien, auf und zog fort, und kehrte zurück und
blieb in Ninive. 38. Und als er anbetete im Tempel Nis-
roch's, seines Gottes, da erschlugen ihn Adrammelech
und Sarezer, seine Söhne, mit dem Schwerte, und ent-
rannen ins Land Ararat. Und Esar-Haddon, sein Sohn,
herrschte an seiner Statt.

Cap. XXXVIII.

Hiskia's Krankheit, Genesung und Danklied.

1. In diesen Tagen ward Hiskia krank zum Sterben. Da kam zu ihm Jesaia, der Sohn Amoz, der Prophet, und sprach zu ihm: so spricht Jehova, bestelle
dein Haus, denn du wirst sterben und nicht genesen.
2. Da wandte Hiskia sein Angesicht zur Wand und betete zu Jehova. 3. Und sprach: Ach! Jehova, gedenke
doch, dass ich vor dir gewandelt mit Treue und ergebe-
nem Herzen, und gethan, was gut ist in deinen Augen.
Und Hiskia weinete sehr. 4. Da erging der Ausspruch
Jehova's an Jesaia also: 5. Gehe hin und sprich zu
Hiskia: so spricht Jehova, der Gott Davids, deines Vaters: ich habe dein Gebet erhöret und deine Thränen
gesehen, siehe, ich thue zu deinem Leben noch fünfzehn

Jahre. 6. Und aus der Hand des Königs von Assyrien
will ich dich retten und diese Stadt, und will diese Stadt
beschützen. 7. Und dieses sey dir das Zeichen von Jehova, dass Jehova thun wird, was er geredet: 8. Siehe, ich lasse den Schatten des Sonnenzeigers, der heruntergegangen auf dem Sonnenzeiger des Ahas durch die
Sonne, rückwärts gehen um zehn Grade; und die Sonne
kehrte zurück um zehn Grade, die sie heruntergegangen
war, am Sonnenzeiger.

9. Lied des Hiskia, Königs von Juda, als er krank
gewesen, und genesen war von seiner Krankheit.

10. Ich sprach: „Nun in der Ruhe meiner Tage soll
    ich zu des Todtenreiches Pforten gehen,
  „beraubt des Restes meiner Jahre."

11. Ich sprach: „nicht mehr werde ich Jehova sehen,
  „Jehova im Lande der Lebenden.
  „Nicht schaue ich ferner Menschen,
  „bey den Bewohnern des stillen Landes.

12. „Mein Zelt wird abgebrochen und wandert von mir
    weiter, wie ein Hirtenzelt,
  „abgeschnitten wird mein Leben, wie vom Weber,
  „der's vom Faden schneidet,
  „in Tag und Nacht ist's aus mit mir.

13. Ich harrete bis zum Morgen, gleich dem Löwen,
  so zermalmte es alle meine Gebeine,
  „in Tag und Nacht ist's aus mit mir."

14. Wie die Schwalbe und der Kranich, so girrte ich,
  ich klagte, wie die Taube,
  es schmachteten zur Himmelshöhe meine Augen.
  „Herr (sprach ich), mir ist beklommen, rette mich!"

15. Was soll ich sagen?
  Er verhiess mir's und er that es.
  In Demuth wandeln will ich alle meine Lebensjahre,
  um des Leidens meiner Seele willen.

16. Herr! durch solches lebt alles,
    von dir kommt all' meines Geistes Leben,
    du wirst mich stärken und genesen lassen.
17. Siehe, zum Heil ward das Leiden mir, das Leiden,
    du zogst mich liebevoll aus der Vernichtung Grube,
    du warfest alle meine Sünden hinter dich.
18. Denn nicht preiset dich das Todtenreich,
    nicht lobsingt dir die Unterwelt,
    nicht harren, die in die Grube sanken, auf deine
        Treue.
19. Wer lebt, wer lebt, der preiset dich,
    wie ich heute,
    der Vater thut den Kindern deine Treue kund.
20. Jehova rettete mich!
    drum rühren wir unser Saitenspiel
    all' unsere Lebenstage
    im Hause Jehova's.
[21. Und Jesaia befahl, dass man Feigenmassen brächte, und zerdrückt auf das Geschwür legte, damit er genese. 22. Da sprach Hiskia: was ist das Zeichen, dass ich hinaufgehen werde zum Tempel Jehova's?"] *)

Cap. XXXIX.

Hiskia's Eitelkeit und deren Strafe.

1. Zu dieser Zeit sandte Merodach-Baladan, der Sohn Baladans, König von Babel, Briefe und Geschenke an Hiskia, weil er hörte, dass er krank gewesen und genesen sey. 2. Und Hiskia freuete sich über sie, und zeigte ihnen sein Schatzhaus, das Silber und das Gold, und die Specereyen, und das köstliche Oel, und sein ganzes Zeughaus und alles, was sich fand in seinen Schätzen; nichts war, was Hiskia ihnen nicht zeigte in

---

*) Diese beyden Verse gehören zwischen Vers 6. und 7.

seinem Hause und in seiner ganzen Herrschaft. 3. Da
kam Jesaia, der Prophet, zum König Hiskia und sprach
zu ihm: was haben diese Männer gesagt? und woher
sind sie zu dir gekommen? Da sprach Hiskia: aus fernem Lande sind sie zu mir gekommen, aus Babel.
4. Und er sprach: was haben sie gesehen in deinem
Hause? Und Hiskia sprach: alles, was in meinem Hause
ist, haben sie gesehen, es ist nichts, was ich ihnen
nicht zeigte, in meinen Schätzen. 5. Da sprach Jesaia
zu Hiskia; höre das Wort Jehova's der Heerscharen:
6. siehe! es werden Tage kommen, da wird weggeführet
alles, was in deinem Hause ist, und was deine Väter
gesammelt bis auf den heutigen Tag, gen Babel. Nichts
wird übrig bleiben, spricht Jehova. 7. Und von deinen
Söhnen, die aus dir hervorgehen, die du zeugen wirst,
werden sie nehmen, und sie zu Höflingen machen im
Palaste des Königs von Babel. 8. Da sprach Hiskia zu
Jesaia: gütig ist das Wort Jehova's, das du geredet.
Und er sprach: dass nur beständiges Glück sey in meinen Tagen!

Cap. XL — LXVI.

Tröstende und ermahnende Reden (eines un-
genannten Propheten) an das jüdische Volk
am Ende des Exils, und Verkündigung der
nahen Befreyung aus demselben.

Cap. XL.

Trost für Israel. Jehova's Macht und Weisheit im
Gegensatz der Götzen.

1. Tröstet, tröstet mein Volk,
   spricht euer Gott.

2. Sprecht Jerusalem Muth ein und thut ihr kund,
    dass vollendet sey ihr Dienst, bezahlt ihre Schuld,
    dass sie empfäht aus Jehova's Hand
    das Doppelte für alles, was sie gebüsst.
3. Eine Stimme ruft: „in der Wüste bahnet den Weg
        Jehova's,
    „ebnet in der Steppe eine Strasse für unsern Gott.
4. „Jedes Thal werde erhöht,
    „jeder Berg und Hügel flach,
    „die Anhöhe werde zur Ebene,
    „die Felsgegend zum Blachfeld.
5. „Denn es offenbaret sich die Herrlichkeit Jehova's,
    „und sehen wird alles Fleisch zumal,
    „dass Jehova's Mund gesprochen."
6. Eine Stimme ruft: „predige!"
    Er sprach: „was soll ich predigen?"
    (Sie sprach) „Alles Fleisch ist Gras
    „und alle seine Anmuth wie die Blume des Feldes.
7. „Das Gras verdorrt, die Blume welkt,
    „wenn Jehova's Wind sie anbläst.
    „Fürwahr, Gras ist das Volk.
8. „Das Gras verdorrt, die Blume welkt,
    „unseres Gottes Wort besteht in Ewigkeit.
9. „Auf hohen Berg steig hinan, Friedensbotin Zions,
    „erhebe gewaltig deine Stimme, Friedensbotin Je-
        rusalems,
    „erhebe sie und fürchte nichts,
    „sprich zu den Städten Juda's: „„sehet euren
        Gott!""
10. „Seht, der Herr, Jehova, kommt mit Macht,
    „sein Arm herrscht für ihn.
    „Seht seinen Lohn mit ihm,
    „und Vergeltung geht vor ihm her.
11. „Wie ein Hirt wird er seine Heerde weiden,
    „in seinen Arm die Lämmer fassen,

„in seinem Schoosse sie tragen,
„die säugenden Mütter sanft leiten."

12. Wer maass mit seiner hohlen Hand die Gewässer,
maass aus die Himmel mit der Spanne,
fasst in das Maass der Erde Staub,
wog mit der Wage die Berge,
und mit Wagschalen die Hügel?

13. Wer erforschte den Geist Jehova's,
war sein Rathgeber, der ihn lehrte?

14. Mit wem berathschlagte er, dass er ihn klug machte,
dass er ihn lehrte den Pfad des Rechts,
dass er ihn Einsicht lehrte,
und den Weg der Weisheit zeigte?

15. Siehe, die Völker sind wie ein Tropfen am Eimer,
wie das Stäubchen auf der Wage,
siehe die Länder sind wie das Stäubchen, das verfliegt.

16. Der Libanon reicht nicht zum Feuer zu,
sein Wild reicht nicht zum Brandopfer.

17. Alle Völker sind wie nichts vor ihm,
für Nichts und Leere gelten sie ihm.

18. Und wem wollet ihr Gott vergleichen?
Welch Gebilde ihm gleich stellen?

19. Der Künstler giesst das Bild,
der Goldschmied überzieht's mit Gold,
und schmelzet silberne Kettchen dran.

20. Der ärmere Geber
wählt ein Holz, das nicht morsch wird,
sucht sich einen geschickten Künstler,
zu fertigen ein Bild, das nicht wankt.

21. Wisset ihr's nicht?
Habt ihr's nicht gehört?
Ward's euch nicht vom Anbeginn verkündet?
Habt ihr nicht gemerkt auf der Erde Gründung?

22. Er sitzt über der Erde Kreis,
wie Heuschrecken (sind ihm) dessen Bewohner,
er spannt, wie einen Teppich, die Himmel aus,
er breitet sie aus, wie ein Zelt zum Wohnen.

23. Er wandelt Fürsten in Nichts,
die Herrscher der Erde macht er zunichte.

24. Kaum sind sie gepflanzt, kaum sind sie gesäet,
kaum wurzelt in der Erde ihr Stamm,
so bläst er sie an und sie verdorren,
ein Sturmwind rafft sie weg, wie Spreu.

25. Und wem wollet ihr mich vergleichen, dass ich
ähnlich wäre?
spricht der Heilige.

26. Hebt zur Himmelshöhe eure Augen,
und schaut! Wer hat solches geschaffen?
Er lässt ihr Heer ausziehen nach der Zahl,
sie alle ruft er bey Namen,
ob seiner grossen Macht und gewaltigen Stärke,
bleibt keiner aus.

27. Warum sagst du, Jakob, und sprichst du, Israel:
„verborgen ist mein Weg vor Jehova,
„vor meinem Gott geht mein Recht vorüber.‟

28. Weisst du es nicht?
Hast du es nicht gehört?
Ein ewiger Gott ist Jehova,
der die Enden der Erde geschaffen,
er wird nicht matt und nicht müde,
unerforschlich ist sein Verstand.

29. Er gibt dem Müden Kraft,
dem Kraftlosen Stärke in Menge.

30. Matt werden Jünglinge und müde,
die jungen Krieger straucheln.

31. Aber die auf Jehova harren, ernenen ihre Kraft,
sie heben, wie die Adler, die Schwingen,

Sie laufen und werden nicht müde,
sie gehen und werden nicht matt.

Cap. XLI.

*Jehova's Sieg über die Götzen. Er beschützt
Israel.*

1. Schweigt und hört mich, ihr Länder,
   ihr Nationen, sammelt Kraft!
   Lasst sie hertreten und dann reden,
   lasst uns ins Gericht gehen zusammen.

2. Wer erweckte, vom Aufgang her,
   ihn, dem Sieg begegnet auf jedem Tritte?
   Wer gab ihm die Völker preis, dass er Könige
                                  unterjochte,
   und machte wie Staub ihr Schwert,
   wie verfliegende Spreu ihren Bogen?

3. Er verfolgte sie und zog sicher
   den Pfad, den sein Fuss nie betrat.

4. Wer that dieses und vollbrachte es?
   Der die Menschengeschlechter hervorrief vom An-
                                  beginn,
   ich, Jehova, der erste,
   und derselbe in späten Tagen.

5. Es sahen's ferne Länder und furchten sich,
   der Erde Enden und zitterten,
   sie nah'ten und kamen herzu.

6. Einer half dem andern,
   und sprach zu ihm: „sey nur getrost!"

7. Der Zimmerer tröstet den Goldschmidt,
   der Glätter den, der den Ambos schlägt,
   und spricht; „Die Löthung ist gut,"
   und heftet's mit Nägeln, dass es nicht wankt.

Aber du Israel, mein Knecht,
Jakob, den ich mir erkohr;
Saame Abraham's, meines Freundes,
9. du, den ich leitete von der Erde Enden,
und von ihren Säumen herrief,
und zu dir sprach: „mein Knecht bist du,
„dich wähle ich mir und verwerfe dich nicht":
10. Fürchte nichts, denn ich bin mit dir,
zage nicht, denn ich, dein Gott, stärke dich,
und helfe dir, und stütze dich mit meiner siegrei-
chen Rechten.
11. Siehe, es werden zu Schanden und Schmach
alle, die auf dich zürnten,
es werden zu Nichts und gehen unter,
die mit dir haderten.
12. Du wirst sie suchen und nicht finden,
die wider dich stritten,
zu Nichts und Vernichtung werden,
die gegen dich Krieg führten.
13. Denn ich Jehova, dein Gott, bins, der deine
Rechte festigt,
der zu dir spricht: „fürchte nichts, ich helfe dir!"
14. Fürchte nichts, du Wurm Jakob, du Völkchen
Israel,
ich helfe dir, spricht Jehova,
dein Retter ist der Heilige Israels.
15. Siehe, ich mache dich zu einem Dreschwagen,
scharf und neu,
mit doppelter Schneide,
du sollst Berge dreschen und zermalmen,
und Hügel wandeln in Spreu.
16. Du sollst sie wurfeln, dass der Sturm sie fortführt,
und der Wirbelwind sie zerstreut,
du aber wirst frohlocken über Jehova,
dich rühmen des Heiligen Israels.

G

17. Die Leidenden und Armen suchen Wasser, und
        es ist nicht da,
    ihre Zunge verdorrt vor Durst,
    ich, Jehova, will sie erhören,
    ich, der Gott Israels, sie nicht verlassen.
18. Ich öffne auf den Hügeln Ströme,
    und in den Thälern Quellen,
    ich mache die Wüste zum Wasserteich,
    und das dürre Land zu Wasserquellen.
19. Ich setze in die Wüste Zedern, Akazien,
    und Myrthen und Oelbäume,
    ich pflanze in der Einöde Cypressen,
    Fichten und Zedern allzumal.
20. Auf dass sie sehen und erfahren,
    drauf merken und es verstehen allzumal,
    dass Jehova's Hand solches gethan,
    der Heilige Israels es gewirkt.
21. Bringt jetzt eure Sache vor, spricht Jehova,
    bringt eure Vertheidigungen her, spricht Jakobs
        König.
22. Sie mögen kommen und uns sagen, was sich er-
        eignen wird.
    Was habt ihr früher verkündigt, sagt es an,
    dass wir drauf merken, ob es eintreffe,
    oder was noch kommen wird, lasst hören.
23. Sagt an, was sich ereignen wird in der Folgezeit,
    dass wir erfahren, ob ihr Götter seyd,
    thut nur etwas, Gutes oder Böses,
    dass wir etwas sehen und uns messen.
24. Siehe! ihr seyd Nichts,
    und Nichtigkeit ist euer Werk,
    ein Gräuel, wer euch erwählt!
25. Ich erweckte ihn von Mitternacht her, und er kam,
    von der Sonne Aufgang her ruft er meinen Na-
        men;

er tritt auf die Gewaltigen, wie auf Lehm,
wie der Töpfer den Thon zertritt.

26. Wer verkündigte dieses vom Anfang, dass wir es
   wussten,
und vorlängst, dass wir sprächen: „recht!"
Niemand hat's gesagt, niemand verkündigt,
Niemand hörte eure Worte.

27. Zuerst sagte Ich es Zion, (jetzt) seht, seht, da
   ist's.
Jerusalem gab ich Friedensboten.

28. Ich schaue umher, und keiner ist
von ihnen, da weiss keiner Rath,
ich frage sie, dass sie Antwort gäben.

29. (Doch) siehe! sie sind alle Nichts,
Nichtigkeit ihre Werke,
ein leerer Hauch ihre Bilder.

Cap. XLII.

Lob des Knechtes Gottes. Des Volkes Befreyung.

1. Siehe meinen Knecht, den ich aufrecht halte,
meinen Auserwählten, an dem meine Seele Gefallen hat.
Ich lege meinen Geist auf ihn,
das Recht soll er den Völkern verkündigen.

2. Er schreiet nicht und rufet nicht,
nicht erhebt er auf der Gasse seine Stimme.

3. Das zerknickte Rohr zerbricht er nicht,
und das glimmende Docht löscht er nicht aus,
mit Wahrheit verkündigt er das Recht.

4. Nicht verzagt er und wird nicht matt,
bis er auf Erden gegründet das Recht,
und auf seine Lehre ferne Küsten harren.

5. So spricht der Gott, Jehova, der die Himmel
        schuf und sie ausspannte,
    der die Erde ausbreitete mit ihrem Gewächs,
    der Odem gab dem Volke auf ihr,
    und Geist den auf ihr wandelnden:

6. Ich, Jehova, berufe dich zum Heil,
    und ergreife deine Hand,
    ich behalte und mache dich zum Bundes-Mittler
        des Volks,
    zum Licht der Nationen,

7. Um zu öffnen blinde Augen,
    den Gefangenen aus dem Kerker zu führen,
    aus dem Gefangenhause, die in Finsterniss sitzen.

8. Ich bin Jehova, das ist mein Name,
    und meine Ehre gebe ich keinem andern,
    noch meinen Ruhm den Götzenbildern.

9. Das Frühere, siehe, es ist eingetroffen,
    und Neues verkündige ich,
    ehe es noch aufgeht, verkündige ich es Euch.

10. Singet Jehova ein neues Lied,
    seinen Ruhm am Ende der Erde,
    die ihr das Meer befahrt und was es füllt,
    ihr fernen Küsten und ihre Bewohner.

11. Es jauchzen die Wüste und ihre Städte,
    die Zeltdörfer, von Kedar bewohnt,
    es jubeln die Felsenbewohner,
    von der Berge Gipfel her rufe man.

12. Man gebe dem Jehova Ehre,
    und seinen Ruhm verkünde man an fernen Küsten.

13. Jehova zieht aus, wie ein Held,
    wie ein Kriegsmann weckt er seinen Eifer,
    er ruft und schreit das Kriegsgeschrey,
    und beweist sich mächtig gegen die Feinde.

14. Ich schwieg lange, war ruhig und hielt an mich,
   (Jetzt aber) schrey' ich auf wie die Gebärerin und
      schnaube im Zorn.

15. Ich verwüste Berge und Hügel,
   all' ihr Kraut lasse ich vertrocknen,
   ich mache Ströme zu festem Lande,
   und Seen lasse ich vertrocknen.

16. Dann leite ich Blinde auf unbekanntem Wege,
   auf unbekannten Steigen führe ich sie,
   ich mache Finsterniss vor ihnen zu Licht,
   das Höckrichte zur Ebene.
   Dies ist es, was ich ihnen thue, und ich verlasse
      sie nicht.

17. Dann weichen zurück und werden zu Schanden,
   die auf Götzenbilder trauen,
   die zu den Bildern sprechen:
   „ihr seyd unsre Götter."

18. Ihr Tauben, hört,
   ihr Blinden, schauet her und sehet.

19. Wer ist blind, wenn nicht mein Knecht nicht,
   und so taub als mein Bote, den ich gesandt?
   wer ist so blind, als Gottes Freund,
   so blind, als der Knecht Jehova's?

20. Du schautest Vieles, beachtetest es nicht,
   du hattest die Ohren offen und hörtest nicht*).

21. Jehova gefiel es um seines Heiles willen,
   dass er ihm das Gesetz gab, gross und herrlich.

22. Und doch ist es ein beraubt und geplündert Volk,
   gefesselt in Kerkern allzumal,
   und im Gefängniss verborgen,
   sie wurden zur Beute, ohne Rettung,
   geplündert, und niemand sprach: „gib zurück."

---

*) Eig. er hörte nicht.

23. Wer ist unter euch, der solches höre,
    der aufhorche und für die Zukunft merke?
24. Wer gab dem Raube preis Jakob,
    und Israel den Plünderern?
    War's nicht Jehova, gegen den wir sündigten,
    auf seinen Wegen nicht wandeln wollten,
    nicht hörten auf sein Gesetz.
25. (Darum) goss er über Israel die Glut seines Zor-
    nes und des Kriegs Gewalt,
    der entzündete es rings und es sah's nicht ein,
    er verzehrte es, und es nahm's nicht zu Herzen.

Cap. XLIII.

Jehova befreyet das Volk, aber ohne dessen Verdienst.

1. Nun aber spricht also Jehova, der dich schuf, o
   Jakob,
   der dich bildete, Israel:
   fürchte nichts, denn ich erlöse dich,
   ich berufe dich bei Namen, mein bist du.
2. Wenn du durch's Gewässer gehst, bin ich bei dir,
   und durch Ströme, sie ersäufen dich nicht;
   wenn du durch's Feuer gehst, sollst du dich nicht
   versengen,
   und die Flamme soll dich nicht verbrennen.
3. Denn ich bin Jehova, dein Gott,
   der Heilige Israels ist dein Erretter,
   ich gebe zum Lösegeld für dich Aegypten,
   Aethiopien und Saba für dich hin.
4. Weil du theuer bist in meinen Augen,
   werthgeachtet und ich dich liebe,
   so gebe ich (andere) Menschen hin für dich,
   und Völker für dein Leben.

5. Fürchte nichts, denn ich bin mit dir,
   vom Aufgang her bringe ich deinen Samen,
   und vom Niedergang her sammle ich dich.
6. Ich sage zur Mitternacht: „gib her!"
   und zum Mittag: „wehre (ihnen) nicht."
   „Bring her meine Söhne aus der Ferne,
   „und meine Töchter von der Erde Ende;
7. „jeden, der sich nennt nach meinem Namen,
   „den ich schuf zu meiner Ehre,
   „den ich bildete und machte."
8. Führ her das blinde Volk, mit sehenden Augen,
   die Tauben, mit offnen Ohren.
9. Alle Völker mögen sich versammeln zumal,
   und zusammentreten die Nationen.
   Wer von ihnen hat solches verkündigt?
   das früher Verkündete mögen sie kund thun,
   sie mögen ihre Zeugen stellen, dass sie gerecht
                                       seyn,
   dass man höre und sage: „es ist wahr."
10. Ihr seyd meine Zeugen, spricht Jehova,
    und mein Knecht, den ich mir erkohr,
    auf dass ihr's wisset und mir glaubet,
    und merket, dass ich es bin.
    Vor mir ward kein Gott gebildet,
    und nach mir wird keiner seyn.
11. Ich, ich bin Jehova,
    und ausser mir kein Retter.
12. Ich verkündigte und rettete,
    ich that es kund, kein fremder Gott war unter
                                        euch;
    ihr seyd meine Zeugen, spricht Jehova,
    dass ich Gott sey.
13. Von der Zeiten Anbeginn bin ich derselbe,
    und niemand rettet aus meiner Hand,
    ich thue es und wer mag es hindern?

14. So spricht Jehova,
     euer Erlöser, der Heilige Israels:
     um euretwillen sandte ich nach Babel,
     und treibe alle seine Flüchtlinge
     und die Chaldäer hinab auf die Schiffe ihrer Lust.
15. Ich Jehova bin euer Heiliger,
     der Schöpfer Israels, euer König.
16. So spricht Jehova —
     der im Meere einen Weg machte,
     und in mächtigen Wassern einen Steig,
17. Der ausziehen liess Wagen und Ross, Heer und
                              Kriegsmacht,
     zusammen liegen sie da, und stehen nicht auf,
     ausgelöscht, wie ein Docht verloschen —:
18. Denkt nicht mehr des Vorigen,
     auf die Vorzeit achtet nicht mehr.
19. Sehet! ich wirke Neues,
     es sprosset schon, sehet, ihr werdet es erfahren.
     Ja, ich schaffe in der Wüste einen Weg,
     und in der Einöde Ströme.
20. Mich preisen des Feldes Thiere, Schakalen und
                              Straussen,
     dass ich in der Wüste Wasser schuf,
     und Ströme in der Einöde,
     um zu tränken mein auserwähltes Volk.
21. Das Volk, das ich mir gebildet,
     soll meinen Ruhm verkünden.
22. Doch riefest du mich nicht an, Jakob;
     bemühtest dich nicht um mich, Israel.
23. Nicht brachtest du mir deine Lämmer zum Brand-
                              opfer,
     mit deinen Opfern ehrtest du mich nicht,
     ich plagte dich auch nicht mit Gaben,
     und belästigte dich nicht mit Weihrauch.

24. Du kauftest mir nicht um Geld Gewürzrohr,
    mit dem Fette deiner Opfer sättigtest du mich
        nicht;
    mit deinen Sünden nur plagtest du 'mich,
    belästigtest mich mit deinen Missethaten.
25. Ich, ich selbst tilge deine Sünden, um meinet-
        willen,
    und deiner Missethat gedenke ich nicht.
26. Erinnere mich, lass uns zusammen rechten,
    sprich, auf dass du gerecht seyst.
27. Dein erster Ahnherr sündigte,
    und deine Dollmetscher wurden abtrünnig von mir.
28. So dass ich entweihte die heiligen Fürsten,
    und gab dem Fluch preis Jakob,
    und Israel der Schmach.

Cap. XLIV. XLV.

Der Götzen Ohnmacht. Sendung des Cyrus.

1. Aber nun höre, Jakob mein Knecht,
    und Israel, den ich erwählte.
2. So spricht Jehova, der dich schuf,
    der dich bildete, vom Mutterleibe an dir half:
    fürchte nichts, mein Knecht Jakob,
    Jeschurun, den ich mir erkohr.
3. Denn ich giesse Wasser auf das durstige Land,
    und Bäche auf das Trockne,
    giesse meinen Geist auf deinen Samen,
    meinen Segen auf deine Sprösslinge,
4. Dass sie wachsen, wie zwischen Gras,
    wie Weiden an Wasserbächen.
5. Dann spricht dieser: „Jehova gehöre ich,"
    jener macht sich Jakob zum Freunde,

dieser wird sich dem Herrn verschreiben,
und schmeichelnd sich an Israel wenden.

6. So spricht Jehova, Israels König,
    sein Erlöser, Jehova der Heerscharen:
    ich bin der Erste und ich der Letzte,
    und ausser mir ist kein Gott.

7. Wer hat, wie ich, geweissagt,
    —ıer sage es an und bringe es mir her —
    seit ich das Volk gegründet vor Alters?
    die Zukunft und das Kommende lasst sie verkünden.

8. Lasst euch nicht grauen, und fürchtet euch nicht,
    habe ich es nicht vordem verkündigt und kund ge-
            than? ihr seyd Zeugen,
    Gibt es einen Gott ausser mir?
    Kein Fels ist, ich weiss keinen.

9. Die Götzenbildner sind alle 'eitel,
    und ihre Lieblinge nützen zu nichts,
    sie selbst sind dess Zeugen.
    Sie sehen nicht und haben nicht Verstand,
    auf dass sie zu Schanden werden.

10. Wer hat den Gott geschaffen,
    das Bildniss gegossen, das zu nichts nützt?

11. Siehe, alle seine Werk - Genossen werden zu
           Schanden,
    die Bildner, selbst sterbliche Menschen,
    versammelt stehen sie alle,
    beben und werden allzumal zu Schanden.

12. Der Schmidt verfertigt eine Axt,
    er arbeitet bei der Kohlengluth und bildet sie mit
           Hämmern,
    arbeitet daran mit seinem kräftigen Arm,
    dabei hungert er und hat keine Kraft mehr,
    er trinkt nicht Wasser und ermattet.

13. Der Zimmermann zieht eine Schnur,
    zeichnet mit dem Stifte,

bearbeitet's mit den Hobeln,
und mit dem Zirkel zeichnet er es,
und' macht's zu einem Mannsbild,
zu einer schönen Menschengestalt,
um einen Tempel zu bewohnen.

14. Er fällt sich Zedern,
er nimmt Steineichen und Eichen,
er wählt sich unter den Bäumen des Waldes,
pflanzt Fichten, und der Regen zieht sie gross.

15. Die dienen zu Brennholz,
er nimmt davon und wärmt sich,
er heizt damit und bäckt Brot,
auch Götter macht er draus, die er anbetet,
Bilder, und fällt davor nieder.

16. Die Hälfte davon verbrennt er mit Feuer,
bey der Hälfte kocht er Fleisch zur Speise,
brät Braten und isst sich satt,
auch wärmt er sich und spricht: „Ey,
„ich werde warm, ich fühle das Feuer."

17. Das Uebrige macht er zum Gott, zu seinem Göt-
zenbilde,
fällt vor ihm hin und wirft sich nieder,
und betet zu ihm und spricht:
rette mich, denn du bist mein Gott."

18. Sie haben nicht Verstand und merken's nicht,
denn verklebt sind ihre Augen und sehen nicht,
dass nicht weise werden ihre Herzen.

19. Keiner geht in sich,
kein Verstand und keine Einsicht, dass man
spräche:
„die Hälfte davon verbrannte ich mit Feuer,
„auch buk ich Brot bei ihren Kohlen,
„ich briet mir Fleisch und ass,
„und das Uebrige sollte ich zum Gräuel machen,
„vor einem Klotz hinfallen?"

20. Er jagt der Asche nach,
    ein getäuschtes Herz führt ihn irre;
    dass er nicht seine Seele rettet und nicht spricht:
    „halte ich nicht Trug in meiner Rechten?“
21. Denk an solches, Jakob,
    und Israel, denn mein Knecht bist du,
    ich bildete dich, mein Knecht bist du,
    Israel, ich vergesse dich nicht.
22. Ich verscheuche wie eine Wolke deine Misse-
                    thaten,
    gleich dem Gewölke deine Sünden.
    Kehre um zu mir, denn ich will dich retten.
23. Jubelt, ihr Himmel, denn Jehova hat's vollführt,
    jauchzet, Tiefen der Erde,
    brecht, ihr Berge, in Jubel aus,
    der Wald und jeder Baum darin,
    denn erlöset hat Jehova Jakob,
    an Israel verherrlicht er sich.
24. So spricht Jehova, dein Erlöser,
    der dich bildete vom Mutterleibe an,
    ich Jehova, der alles geschaffen,
    der die Himmel ausgespannt allein,
    die Erde ausgebreitet ohne Helfer,
25. Der die Zeichen der Lügenpropheten vernichtet,
    und die Wahrsager zu Thoren macht,
    der die Weisen beschämt,
    und ihre Einsicht zur Thorheit macht.
26. Der erfüllet seines Knechtes Ausspruch,
    und den Rath seiner Boten vollbringt,
    der von Jerusalem spricht: „sie werde bewohnt,“
    und zu den Städten Juda's: „sie sollen erbauet
                    werden,
    „ihre Trümmern stelle ich wieder her.“
27. Der zur Tiefe spricht: „trockne aus,
    „und deine Ströme lasse ich versiegen.“

28. Der von Coresch spricht: mein Hirt,
all' mein Geschäft soll er vollbringen,
und sprechen von Jerusalem: sie werde erbaut,"
vom Tempel; „er werde gegründet."

XLV, 1. So spricht Jehova zu seinem Gesalbten, zu
Coresch,
den ich halte bey seiner Rechten,
um vor ihm zu stürzen die Nationen,
und der Könige Hüften zu entgürten,
um vor ihm zu öffnen die Pforten,
dass kein Thor verschlossen bleibe:

2. Ich will vor dir her gehen,
und die Höcker ebnen,
will eherne Pforten sprengen,
und eiserne Riegel zerbrechen.

3. Ich will dir tief verborgene Schätze schenken,
und versteckte Reichthümer,
auf dass du wissest, dass ich Jehova bin,
der dich bey Namen gerufen, der Gott Israels.

4. Um meines Knechtes Jakob willen,
und Israels, meines Auserwählten,
rief ich dich bey deinem Namen,
ich nannte dich, dir unbekannt.

5. Ich bin Jehova und keiner mehr,
ausser mir ist kein Gott,
ich rüstete dich, ehe du mich kanntest.

6. Dass man erkenne vom Sonnen-Aufgang
und vom Niedergang, dass keiner ausser mir,
ich bin Jehova und keiner mehr.

7. Ich bilde Licht und schaffe Dunkel,
schaffe Glück und wirke Unglück,
ich Jehova thue dieses alles.

8. Träufelt, ihr Himmel, von oben,
ihr Wolken streuet Segen,

die Erde öffne sich und trage Heil,
und Segen sprosse zugleich.
Ich Jehova schaffe solches.

9. Wehe dem, der mit seinem Schöpfer hadert,
ein Scherbe von den Scherben der Erde!
spricht wohl der Thon zu seinem Töpfer: „was
  machst du?“
und spricht dein Werk (von dir): „er hat nicht
  Hände.“

10. Wehe dem, der zu seinem Vater spricht: „warum
  zeugtest du?“
und zu der Mutter: „warum gebahrst du?“

11. So spricht Jehova, der Heilige Israels und sein
  Schöpfer:
über die Zukunft könnt ihr mich fragen,
meine Kinder, meiner Hände Werk, überlasset
  mir nur.

12. Ich habe die Erde gemacht,
und die Menschen darauf geschaffen,
meine Hände breiteten die Himmel aus,
und all' ihr Heer ist von mir bestellet.

13. Ich erweckte ihn zum Heil,
alle seine Wege will ich ebnen,
er soll meine Stadt bauen, und meine Gefangenen
  entlassen,
nicht um Kaufpreis und nicht um Lösegeld,
spricht Jehova der Heerscharen.

14. So spricht Jehova:
Aegyptens Erwerb, der Gewinn Aethiopiens und der
  Sabäer, hohen Wuchses,
wird zu dir übergehen und dein seyn,
dir folgen sie, in Fesseln einherziehend,
dir beugen sie sich, dir flehen sie:
„nur bey dir ist Gott, und keiner mehr, keine
  Gottheit weiter.“

15. Fürwahr, du bist ein verborgener Gott,
     Gott Israels, ein Retter.
16. Beschämt und zu Schanden werden alle,
     allzumal gehen sie in Schande und Schmach,
     die Bildner der Götzen.
17. Aber Israel wird gerettet von Jehova mit ewiger
                         Rettung,
     nicht beschämt werdet ihr und nicht zu Schanden
                 in alle Ewigkeit.
18. Denn so spricht Jehova, der die Himmel schuf,
     er ist der (wahre) Gott, der die Erde bildete und sie
                 schuf, er, der sie gründete,
     nicht umsonst schuf er sie, zur Wohnung bereitete
                 er sie:
     ich bin Jehova und keiner sonst.
19. Nicht im Verborgenen sprach ich,
     in finstern Tiefen der Erde,
     nicht sprach ich zu Jakobs Geschlecht: fragt mich
                 vergebens,
     ich Jehova rede Wahrheit, verkündige das Rechte.
20. Versammelt euch und kommt,
     nahet heran allzumal, ihr Geretteten der Völker,
     ohne Verstand sind, die sich tragen mit dem Holz
                 ihres Bildes,
     die da flehen zu einem Gott, der nicht hilft.
21. Macht es kund und führt sie her,
     und sie mögen rathschlagen zusammen.
     Wer that dieses kund vor Alters, verkündete es
                 vorlängst?
     War ich es nicht, Jehova, ausser dem kein Gott
                 mehr ist?
     ein Gott, wahrhaftig und rettend: keiner ist ausser mir.
22. Wendet euch zu mir, auf dass ihr gerettet werdet,
                 all' ihr Enden der Erde,
     denn ich bin Gott und keiner sonst.

23. Bey mir schwör' ich,
   Wahrheit geht aus meinem Munde,
   ein Wort, das nicht zurückgeht,
   dass Mir sich beuget jedes Knie,
   Mir schwöret jede Zunge.
24. Nur bey Jehova, — sagt man von mir —
   ist Heil und Macht,
   gegen ihn ziehen und werden zu Schanden,
   alle, die auf ihn zürnen.
25. Durch Jehova werden gerechtfertigt,
   und sein rühmen sich alle Nachkommen Israels.

Cap. XLVI.

Der Untergang der Götzen.

1. Es sinket Bel, und Nebo fällt,
   ihre Bilder legt man auf Thiere und Vieh,
   die ihr sonst trugt, werden aufgeladen,
   eine Last dem müden Vieh.
2. Sie sinken, fallen allzumal,
   nicht können sie die Bürde retten,
   sie selbst gehn in die Gefangenschaft.
3. Hört mich, Haus Jakobs,
   und Ueberrest des Hauses Israel,
   die ihr getragen wurdet vom Mutterleib,
   gepflegt von der Geburt an.
4. Auch bis in's Alter bin ich derselbe,
   bis zum grauen Haar will ich (euch) tragen,
   ich that es und werde (ferner) tragen,
   ich will tragen und erretten.
5. Wem wollt ihr mich vergleichen und ähnlich
           machen,
   wem gegenüberstellen, dass wir glichen?

6. Da schütten sie Gold aus der Börse,
wiegen Silber auf der Wage dar,
dingen einen Goldschmidt, dass er einen Gott
daraus mache,
fallen nieder und werfen sich hin.

7. Sie heben ihn auf die Schulter und tragen ihn,
sie stellen ihn auf seinen Platz, da steht er;
von seinem Orte weicht er nicht,
auch schreit man zu ihm und er antwortet nicht,
aus ihrer Noth hilft er ihnen nicht.

8. Denkt an solches und ermannet euch,
nehmt's, ihr Abtrünnigen, zu Herzen.

9. Denkt an das Vergangene in der Vorzeit,
denn ich bin Gott und keiner sonst,
bin Gott, und keiner sonst, als ich.

10. Ich verkündigte in der Vorzeit die Zukunft,
vorlängst, was nie geschehn war,
ich sprach: mein Rath wird bestehen,
und all meinen Willen führe ich aus.

11. Ich rief vom Aufgang her den Adler,
aus fernem Lande den Mann meines Rathes,
ich sprach's und werde es kommen lassen,
ich entwarf's und führe es aus.

12. Hört mich, ihr Verstockten,
die ihr fern seyd vom Heil.

13. Es nahet mein Heil und ist nicht fern,
und meine Rettung säumet nicht.
Ich gewähre Zion Rettung,
und Israel meinen Glanz.

Cap. XLVII.

Der Untergang des babylonischen Reiches.

1. Herunter, setz' dich in den Staub,
Jungfrau, Tochter Babels!

H

Setz' dich zur Erde, ohne Thron., Tochter der
Chaldäer,
denn nicht wird man dich fürder die Zarte und
Weichliche nennen.

2. Nimm die Mühle und mahle Mehl,
deck' auf deinen Schleyer, heb' auf die Schleppe,
entblösse den Schenkel, wate durch Ströme.

3. Aufgedeckt soll deine Blösse werden,
und gesehen deine Scham,
Rache will ich nehmen,
und keinen will ich verschonen.

4. (So spricht) unser Retter,
Jehova der Heerscharen ist sein Name,
der Heilige Israels.

5. Sitze stumm und gehe in die Finsterniss,
Tochter der Chaldäer,
denn nicht wird man dich fürder Herrin der
Reiche nennen.

6. Ich zürnte auf mein Volk,
entweihte mein Erbe,
und gab sie in deine Hand,
doch du bewiesest ihnen kein Mitleid,
auf den Greis legtest du schwer dein Joch.

7. Du sprachst: „ewig werde ich Gebieterin seyn,“
so, dass dir solches nicht in den Sinn kam,
und du nicht dachtest an den Ausgang.

8. Nun aber höre dieses, du Ueppige,
die da sorglos sitzt,
und spricht in ihrem Herzen: „ich bin's und Niemand sonst,
„nie werde ich Witwe seyn,
„noch kinderlos mich sehen.“

9. Und dieses Beydes soll dich treffen, plötzlich, an
einem Tage,
Kinderlosigkeit und Witwenthum,

in vollem Maasse soll's dich treffen,
trotz deiner vielen Zaubereyen
und deiner Bannsprüche gewaltigen Menge.

10. Du , trautest auf deine Bosheit und sprachst :
„Niemand sieht mich,"
deine Weisheit und Klugheit machen dich zu
Schanden,
du sprachst in deinem Herzen : „ich bin's und
Niemand sonst."

11. Nun kommt über dich Verderben,
dessen Morgenröthe du nicht siehest.
Es stürzt sich über dich ein Unglück,
das du nicht sühnen kannst;
plötzlich kommt Vernichtung über dich, ehe du
es vermuthest.

12. Beharre denn bey deinen Zaubereyen,
bey der Beschwörungen Menge, womit du dich
gemüht von deiner Jugend auf;
vielleicht kann es dir helfen,
vielleicht machst du dich furchtbar.

13. Bist du müde der vielen Berathung,
so lass zu deiner Rettung aufstehn
die Himmelskundigen , die nach den Sternen
kucken,
die an den Neumonden verkündigen,
was über dich kommen wird.

14. Siehe! sie werden seyn wie Stoppel, die das
Feuer verbrennt,
sie retten nicht ihr Leben aus der Flamme,
keine Kohle bleibt zum Wärmen,
kein Feuer, um daran zu sitzen.

15. So geht es denen, mit denen du dich mühtest,
mit denen du verkehrtest von Jugend auf,
sie gehen ein jeder seines Weges,
niemand hilft dir.

Cap. **XLVIII.**

Jehova veranstaltete und verkündigte, was jetzt
geschieht, schon längst zuvor.

1. Höret diess, Haus Jakobs,
   die sich nennen nach Israels Namen,
   die aus dem Quell Juda's hervorgegangen,
   die bey Jehova's Namen schwören,
   und den Gott Israels preisen,
   (doch) nicht mit Wahrheit und Redlichkeit.

2. — Denn von der heiligen Stadt nennen sie sich,
   und auf den Gott Israel stützen sie sich,
   Jehova der Heerscharen ist sein Name —

3. Das Frühere verkündigte ich vorlängst,
   aus meinem Munde ging es, und ich that es kund;
   plötzlich schuf ich's und es geschah.

4. Weil ich wusste, dass du verstockt bist,
   und ein Eisenstab dein Nacken,
   und deine Stirn von Erz.

5. So verkündigte ich's dir vorlängst,
   ehe es geschah, that ich es dir kund,
   dass du nicht sprächst: „mein Götze that es,
   „das Bild, was ich geschnitzt und gegossen, hat
   es verordnet.“

6. Du hast's gehört, da sieh nun alles,
   und ihr, wollt ihr es nicht gestehn?
   Ich thue dir Neues kund von nun an,
   und Verborgnes, das du nicht gewusst.

7. Jetzt ist's erschienen, und nicht vorlängst,
   vor der Zeit, da hast du's nicht gehört,
   dass du nicht sprechest: „siehe, ich wusste es.“

8. Du hörtest es nicht, und wusstest es nicht,
   nicht ward es dir vorlängst offenbart,

denn ich wusste, du seyst untreu,
und abtrünnig hiessest du vom Mutterleibe an.

9. Um meines Namens willen bin ich langmüthig,
    um meiner Ehre willen bezähme ich mich gegen
        dich,
    dass ich dich nicht ausrotte.

10. Siehe, ich habe dich geschmolzen, aber kein Sil-
        ber gewonnen,
    dich geprüft im Ofen des Elends.

11. Um meinet - meinetwillen thue ich es,
    denn ach wie ward (mein Name) entweiht?
    und meine Ehre gebe ich keinem andern.

12. Höre auf mich, Jakob,
    und Israel, den ich berief.
    Ich bin es, ich der Erste und ich der Letzte.

13. Und meine Hand hat die Erde gegründet,
    und meine Rechte die Himmel ausgebreitet,
    ich rief ihnen, und sie standen da allzumal.

14. Sammelt euch, ihr alle, und hört,
    wer von ihnen hat dieses verkündigt?
    Er, den Jehova liebt, wird seinen Willen üben
        an Babel,
    und seine Macht an den Chaldäern.

15. Ich, ich sprach's und berief ihn,
    ich führte ihn her, und sein Weg soll gelingen.

16. Nahet mir und höret diess,
    nie vom Anfang sprach ich im Verborgenen,
    seit es geschieht, war ich dabei,
    und nun hat der Herr Jehova mich gesandt mit
        seinem Geiste.

17. So spricht Jehova, dein Erlöser, der Heilige
        Israels:
    ich Jehova, dein Gott, lehre dich, was dir frommt,
    führe dich auf den Weg, den du gehn sollst.

18. O dass du geachtet auf meine Gebote!
Dann war dem Strome gleich dein Glück,
dein Heil, wie Meeresfluthen.

19. Es war dem Sande gleich dein Saame,
deine L e i b e s f r u c h t wie der Kies der M e e r e s -
b u c h t *;
nie ward vor mir vertilgt und vernichtet dein
Name.

20. Zieht aus von Babel, flieht aus der Chaldäer
Land mit Jubel,
verkündigt diess und macht es kund,
lasst es erschallen bis an der Erde Ende,
sagt: „errettet hat Jehova seinen Knecht Jakob.“

21. Sie dursten nicht in den Wüsten, wodurch er sie
leitet,
Wasser aus dem Felsen lässt er für sie rieseln,
er spaltet den Fels, und es fliessen Gewässer.

22. Kein Friede, spricht Jehova, für die Frevler.

Cap. XLIX.

Verherrlichung des Knechtes Gottes. Des Volkes
Rückkehr.

1. Hört mich, ihr fernen Küsten,
und merket auf, Nationen in der Ferne,
Jehova berief mich vom Mutterleibe an,
von meiner Kindheit an erwähnte er meinen Namen.

2. Er machte meinen Mund wie ein scharfes Schwert,
mit dem Schatten seiner Hand bedeckte er mich,
er machte mich zum glatten Pfeil,
in seinem Köcher barg er mich.

3. Er sprach zu mir: mein Knecht bist du,
Israel, an dem ich mich verherrliche.

4. Und ich sprach: „vergebens habe ich mich ab-
gemüht,
„umsonst, um Nichts meine Kraft verzehrt,
„aber mein Recht ist bey Jehova,
„und mein Lohn bey meinem Gott."
5. Und nun spricht Jehova,
der mich bildete vom Mutterleibe an zu seinem
Knecht,
um Jakob zu ihm zu bekehren,
dass Israel sich zu ihm versammele,
— denn ich bin geehrt in Jehova's Augen,
und mein Gott ist mein Schutz —
6. Er spricht: nicht genug, dass du mein Knecht
seyst,
aufzurichten die Stämme Jakobs,
und die Geretteten Israels zurückzuführen,
ich mache dich zum Licht der Nationen,
dass mein Heil bis der Erde Ende dringe.
7. So spricht Jehova, Israels Retter, sein Heiliger,
zu dem von Menschen Verachteten, vom Volke
Verabscheuten,
zu dem Knechte der Tyrannen;
Könige werden sehen und aufstehn,
Fürsten, die werden niederfallen,
um Jehova's willen, der treu ist,
des Heiligen Israels, der dich erkohr.
8. So spricht Jehova:
zur Zeit der Gnade will ich dich erhören,
und zur Zeit des Heils dir helfen,
ich will dich erhalten und machen zum Bundes-
Mittler des Volks,
um herzustellen das Land, auszutheilen das verödete Erbe.
9. Zu den Gefangenen zu sprechen, „geht hervor,"
zu denen in der Finsterniss: „kommt ans Licht."

Auf Wegen sollen sie weiden,
auf allen Hügeln soll ihre Weide seyn.

10. Nicht hungern sollen sie und nicht dursten,
nicht treffen soll sie Gluth und Sonne,
denn ihr Erbarmer wird sie führen,
an Wasserquellen leitet er sie.

11. Ich mache alle meine Berge zum Wege,
und meine Strassen werden gebahnt.

12. Siehe, diese kommen von fern her,
und siehe! jene von Nord und von West,
und jene vom Lande Sinim.

13. Jauchzet, ihr Himmel, und frohlocke, o Erde,
brechet, ihr Berge, in Jubel aus,
denn Jehova tröstet sein Volk,
und erbarmt sich über seine Leidenden.

14. Zion spricht: „verlassen hat mich Jehova,
und der Herr hat mich vergessen."

15. Kann auch ein Weib ihres Kindes vergessen,
dass sie sich nicht erbarmte ihrer Leibesfrucht?
Und ob sie es vergässe,
so will doch ich dich nicht vergessen.

16. Siehe, auf die Hände habe ich dich gezeichnet,
deine Mauern sind mir stets vor Augen.

17. Es eilen deine Söhne herbey,
die dich verwüsteten und zerstörten ziehen aus
von dir.

18. Erhebe rings deine Augen und siehe,
sie alle versammeln sich und kommen zu dir.
Bey meinem Leben, spricht Jehova,
du sollst sie alle, wie einen Schmuck, anziehn,
gleich einer Braut, dir anlegen.

19. Denn deine öden, wüsten Plätze, und dein zer-
störtes Land
das wird nun zu enge dem Bewohner,
und fern sind deine Verderber.

20. Fortan hörst du Kinderlose deine Söhne sagen:
    „zu eng ist mir der Ort, rücke hin, dass ich
            wohnen kann."
21. Und du sprichst in deinem Herzen:
    „wer zeugte mir diese?
    „ich war ja kinderlos und unfruchtbar,
    „verbannt und verstossen, wer erzog denn jene?
    „Siehe! ich war allein übrig, wo waren nur
            jene?"
22. So spricht der Herr, Jehova:
    siehe! ich erhebe meine Hand nach den Völkern,
    und den Nationen errichte ich mein Panier,
    die sollen deine Söhne auf dem Arme bringen,
    und deine Töchter auf der Schulter hertragen.
23. Und Könige sollen deine Wärter seyn,
    und ihre Fürstinnen deine Säugammen,
    auf's Antlitz sollen sie vor dir niederfallen,
    und den Staub deiner Füsse lecken.
    So wirst du erfahren, dass ich Jehova sey,
    und nicht zu Schanden werden, die auf mich
            harren.
24. Wird auch dem Tyrannen die Beute genommen?
    wird des Gerechten Habe gerettet werden?
25. Nein, spricht Jehova,
    auch des Tyrannen Habe wird genommen,
    und Beute dem Wüthrich entführt:
    mit deinen Gegnern will ich kämpfen,
    und deine Söhne will ich retten.
26. Und deine Bedrücker sollen ihr eigen Fleisch
            essen,
    von ihrem Blute sollen sie trunken werden, wie
            vom Most,
    und erfahren soll alles Fleisch, dass ich Jehova
            dein Retter bin,
    und dein Erlöser der Held Jakobs.

Cap. L.

*Man soll dem Knechte Gottes Folge leisten und
Gott vertrauen.*

1. So spricht Jehova: Wo ist der Scheidebrief eurer
   Mutter,
   mit dem ich sie entliess?
   Oder wer ist's von meinen Gläubigern,
   dem ich euch verkaufte?
   Sehet, ob eurer Sünden seyd ihr verkauft,
   und ob eurer Missethaten ward eure Mutter entlassen.
2. Warum, wenn ich kam, war Niemand da?
   antwortete Niemand, wenn ich rief?
   Ist etwa zu schwach meine Hand zum Befreyen,
   oder habe ich keine Kraft zum Retten?
   Siehe, mit meinem Dräuen trockne ich das Meer,
   mache Ströme zur Wüste,
   es stinken ihre Fische aus Wassermangel,
   und sterben vor Durst.
3. Ich kleide die Himmel in Dunkel,
   und hülle sie in Trauergewand.

4. Der Herr Jehova gab mir eine geübte Zunge,
   dass ich wisse mit Reden zu stärken die Ermü-
   deten;
   er weckt an jedem Morgen, er weckt mir das
   Ohr,
   dass ich höre nach seiner Jünger Weise.
5. Der Herr Jehova öffnete mir das Ohr,
   und ich widerstrebte nicht,
   nicht wich ich rückwärts.
6. Meinen Rücken bot ich den Schlagenden dar,
   und meine Wangen den Raufenden,

mein Antlitz verbarg ich nicht
vor Schmach und Speichel.

7. Aber der Herr Jehova wird mir helfen;
darum werde ich nicht zu Schanden,
darum bot ich mein Antlitz dar, wie einen Kiesel,
denn ich weiss, dass ich nicht zu Schanden werde.

8. Nahe ist, der mir Recht schafft;
wer will mit mir hadern, lasst uns zusammen auf-
treten,
wer ist mein Gegner? er nahe sich mir.

9. Siehe! der Herr Jehova hilft mir,
wer ist's, der mich verdammen möchte?
Siehe, sie alle werden zerfallen,
wie ein Gewand, das die Motte verzehrt.

10. Wer unter euch den Jehova fürchtet,
höre auf die Stimme seines Knechtes.
Wer im Dunkel wandelt, ohne Leuchte,
er vertraue auf den Namen Jehova's,
und stütze sich auf seinen Gott.

11. Siehe! ihr alle, die ihr Feuer anzündet, mit
Brandpfeilen gerüstet,
fort in die Gluth eures Feuers, und in die Brand-
pfeile, die ihr gezündet!
Von meiner Hand kommt euch solches,
in Jammer sollt ihr da liegen.

Cap. LI — LII, 12.

Des Volkes glänzende Befreyung und Rückkehr.

1. Hört auf mich, die ihr der Gerechtigkeit nachjagt,
die ihr Jehova suchet,
schaut auf den Fels, aus dem ihr gehauen,
auf die gehöhlte Grube, aus der ihr gegraben.

2. Schauet auf Abraham, euren Vater,
und auf Sara, die euch gebar,
denn ihn, den Einzelnen, berief ich,
und segnete ihn und machte ihn gross.

3. So wird sich Jehova Zions erbarmen,
erbarmen aller seiner Trümmer,
er macht ihre Wüste zu Eden,
und ihre Einöde wie einen Garten Jehova's.
Freude und Wonne wird darin gefunden,
Lobgesang und Psalmentöne.

4. Horcht auf mich, ihr Völker,
und ihr Nationen, merkt auf mich:
denn das Gesetz wird von mir ausgehn,
und mein Recht will ich zur Erleuchtung der Völker gründen.

5. Nahe ist mein Heil, es erscheint meine Hülfe,
meine Arme sollen die Völker richten,
auf mich harren ferne Küsten,
und warten auf meinen Arm.

6. Erhebt zum Himmel eure Augen,
und schauet auf die Erde unten;
denn die Himmel vergehen wie Rauch,
und die Erde zerfällt wie ein Gewand,
es sterben wie Mücken ihre Bewohner,
aber meine Hülfe wird ewig dauern,
und mein Heil bleibt ungeschwächt.

7. Hört auf mich, die ihr Gerechtigkeit liebet,
du Volk, in dessen Herzen mein Gesetz!
Fürchtet nicht der Menschen Hohn,
und vor ihren Schmähungen zaget nicht.

8. Denn (sie sind) wie ein Gewand, das die Motte
verzehrt,
und wie Wolle, von den Schaben verzehrt:
aber mein Heil wird ewig dauern,
meine Hülfe von Geschlecht zu Geschlecht.

9. Auf, auf, zeuch Stärke an, Arm Jehova's,
auf, wie in den Tagen der Vorzeit, den Ge-
schlechtern des Alterthums.
Bist du es nicht, der Rahab fällte,
der den Drachen erlegte?
10. Warst du es nicht, der das Meer austrocknete,
die Gewässer des grossen Meer's,
der die Tiefen des Meer's zum Wege machte,
dass durchzogen die Erlösten?
11. So sollen die Befreyten Jehova's zurückkehren,
nach Zion einziehn mit Jauchzen,
und ewige Wonne um ihr Haupt:
Wonne und Freude müssen sie finden,
fliehen Kummer und Geseufz.
12. Ich, ich bin's, der sich eurer erbarmt.
Wer bist du? dass du dich fürchtest vor sterblichen Menschen,
vor der Menschen Sohn, der wie Gras hinschwindet,
13. und vergissest Jehova, deinen Schöpfer,
der die Himmel ausspannte und die Erde gründete,
und bebest stets den ganzen Tag
vor dem Zorne des Bedrängers,
wenn er zielt, zu verderben?
Wo ist nun der Zorn des Bedrängers?
14. Bald wird der Gefesselte befreyt,
er stirbt nicht in der Grube,
nicht fehlet ihm sein Brot.
15. Denn ich bin Jehova, dein Gott,
der das Meer schreckt, wenn seine Wellen toben,
Jehova der Heerscharen ist sein Name.
16. Ich lege meine Worte in deinen Mund,
und mit dem Schatten meiner Hand bedecke ich dich,
um den Himmel aufzuschlagen und die Erde zu
gründen,
und zu Zion zu sagen: „mein Volk bist du."

17. Ermuntere dich, ermuntere dich, stehe auf Je-
       rusalem,
    die du getrunken aus Jehova's Hand seines Grim-
       mes Becher,
    den Becher - Kelch des Taumels getrunken und
       ausgeschlürft.

18. Niemand leitete sie, von allen Kindern, die sie
       geboren,
    Niemand ergriff ihre Hand, von allen Kindern,
       die sie erzogen.

19. Zweyerley Dinge haben dich betroffen,
    und wer beklagte dich?
    Verwüstung und Untergang, und Hunger und
       Schwert,
    wie sollte ich dich trösten?

20. Deine Kinder lagen ohnmächtig an allen Strassen-
       ecken,
    gleich einem Hirsch im Netz,
    voll des Zorns von Jehova, des Fluches von dei-
       nem Gott.

21. Darum höre dieses, du Leidende,
    du Trunkene, und nicht von Wein.

22. So spricht dein Herr, Jehova,
    und dein Gott, der sein Volk rächet:
    Siehe, ich nehme aus deiner Hand den Taumel-
       becher,
    den Becher-Kelch meines Grimms,
    du sollst ihn nicht mehr trinken.

23. Und ich gebe ihn in die Hand derer, die dir
       Jammer bereiteten,
    die zu dir sprachen: „bücke dich, dass wir dar-
       über gehen:"
    und du machtest zur Erde deinen Rücken,
    und zur Strasse denen, die darüber gingen.

LII, 1. Auf, auf, zeuch deinen Schmuck an, Zion,
zeuch an deine glänzenden Gewande, Jerusalem,
heilige Stadt!
denn kein Unbeschnittener und Unreiner soll dich
hinfort betreten.

2. Entschüttele dich des Staubes, setze dich aufrecht,
Jerusalem,
löse dir die Fesseln deines Halses,
gefangene Tochter Zions.

3. Denn also spricht Jehova:
umsonst seyd ihr verkauft,
und ohne Geld sollt ihr erlöst werden.

4. Denn so spricht der Herr Jehova:
nach Aegypten zog mein Volk hinab vordem, um
dort zu wohnen,
und Assur drückte es ohne Grund.

5. Und nun, was soll ich jetzt thun, spricht der Herr,
da man weggeschleppt mein Volk umsonst,
seine Tyrannen jauchzen, spricht Jehova,
und stets den ganzen Tag wird mein Name ver-
höhnt.

6. Drum soll mein Volk meinen Namen kennen
lernen,
darum an jenem Tage,
denn ich derselbe, der verhiess, bin hier.

7. Wie schön sind auf den Bergen die Füsse des
Glücksboten,
der Friede verkündet, gute Botschaft bringt, Heil
verkündet,
der zu Zion sagt: „dein Gott ist König.“

8. (Horch!) die Stimme deiner Wächter! Sie erheben
die Stimme allzumal und jauchzen;
denn mit ihren Augen schauen sie zu,
wie Jehova Zion herstellt.

9. Brechet in Jubel aus allzumal, ihr Trümmer
    Jerusalems,
    denn Jehova erbarmt sich seines Volkes, erlöset
    Jerusalem.
10. Jehova entblösst seinen heiligen Arm
    vor aller Völker Augen,
    es schauen alle Enden der Erde
    das Heil von unserem Gott.
11. Hinweg, hinweg, zieht aus von dannen,
    rührt keinen Unreinen an,
    zieht aus, aus ihrer Mitte;
    reinigt euch, die ihr Jehova's Gefässe tragt.
12. Denn nicht in Eile sollt ihr ausziehen,
    und nicht auf der Flucht auswandern,
    sondern Jehova geht vor euch her,
    und euren Zug beschliesst der Gott Israels.

Cap. LII, 13 — LIII.

Des Knechtes Gottes Leiden und Verherrlichung.

13. Siehe! beglückt wird mein Knecht,
    wird hoch und erhaben und sehr verherrlicht.
14. Gleichwie jetzt sich Viele vor ihm *) entsetzen,
    — so entstellt, kaum menschlich, ist sein Ansehn,
    und seine Gestalt nicht menschenähnlich —
15. so werden viele Völker sein frohlocken,
    vor ihm Könige den Mund verschliessen;
    denn was ihnen nie erzählt ward, werden sie sehen,
    vernehmen, was sie nimmer hörten.

LIII, 1. Wer traute unserer Botschaft,
    der Arm Jehovas, wem ward er kund?

---

*) Eig. vor dir.

2. Er wuchs, wie ein Reis, vor ihm auf,
   wie ein Wurzelschoss aus dürrem Lande;
   nicht Gestalt war ihm, |noch |Schöne, dass wir
        sein uns freuten,
   kein Ansehen, dass wir an ihm Gefallen hätten.
3. Verachtet war er, und verlassen von Menschen,
   schmerzbeladen und mit Krankheit vertraut,
   wie einen, vor dem man das Antlitz verhüllt,
   verachteten wir ihn, und achteten sein nicht.
4. Aber unsere Krankheiten trug er,
   unsere Schmerzen lud er auf sich,
   und wir achteten ihn von Gott gestraft,
   von Gott geschlagen und geplagt.
5. Er ward verwundet ob unserer Sünden,
   zerschlagen ob unserer Missethaten,
   zu unserem Heil traf ihn die Strafe,
   durch seine Wunden sind wir geheilt.
6. Wir alle irrten, wie Schafe, umher,
   gingen jeder seines Weges,
   Jehova aber warf auf ihn unser aller Strafe.
7. Gemishandelt ward er, der ohnehin Geplagte,
   doch that er seinen Mund nicht auf,
   wie ein Lamm, das zur Schlachtbank geführt wird
   und wie ein Schaf vor seinen Scherern verstummt,
   und seinen Mund nicht aufthut.
8. Durch Drangsal und Strafgericht ward er hinweg-
        gerafft
   und wer bedachte es seiner Zeitgenossen,
   dass er entnommen aus der Lebendigen Lande,
   dass ob der Sünde meines Volkes ihn die Strafe
        getroffen?
9. Man gab bey Frevlern ihm sein Grab,
   bey Gottlosen seinen Grabhügel,
   ob er gleich kein Unrecht gethan,
   und kein Trug war in seinem Munde.

I

10. Jehova gefiel es, ihn schwer zu verwunden.
Da er sich aber zum Schuldopfer hingegeben,
schaut er Nachkommen und lebt noch lange,
und Jehova's Werk gedeiht durch seine Hand.

11. Frey, vom Leiden seiner Seele sättigt er sich des
                    Anblickes,
durch seine Weisheit führt Viele zur Gerechtigkeit
                    mein gerechter Knecht,
deren Sünden er getragen.

12. Darum gebe ich sein Loos ihm unter Mächtigen,
mit Helden soll er Beute theilen,
weil er in den Tod hingab sein Leben,
zu Uebelthätern gezählt ward,
weil er die Schulden Vieler trug,
und für die Uebelthäter betete.

Cap. LIV. LV.

Israël wird nach seiner Rückkehr glänzend wieder
hergestellt werden. Ermahnung zu derselben.

1. Jubele, du Unfruchtbare, die nicht gebar,
brich in Jubel aus und jauchze, die nicht kreis'te,
denn der Söhne der Verlassenen werden mehr
                    seyn als der Vermählten,
spricht Jehova.

2. Erweitere den Platz deines Zeltes,
deiner Wohnung Decken lass ausbreiten, wehre
                    es nicht;
mache lang deine Seile,
und deine Pflöcke stecke fest.

3. Denn zur Rechten und zur Linken sollt du dich
                    ausbreiten,
dein Saame soll Völker vertreiben,
und öde Städte bevölkern.

4. Du darfst nichts fürchten, denn du wirst nicht
  beschämt werden,
 du darfst dich nicht schämen, denn du wirst nicht
  zu Schanden werden,
 denn die Schmach deiner Jugend sollt du vergessen,
 und der Schande deines Witwenthums nicht mehr
  gedenken.

5. Denn dein Schöpfer ist dein Gemahl,
 Jehova der Heerscharen ist sein Name,
 dein Erlöser ist der Heilige Israëls,
 Gott der ganzen Erde heisst er.

6. Denn als ein vertriebnes Weib, betrübten
  Herzens, beruft dich Jehova,
 dich, der Jugend Gemahlin, die verstossen war,
 spricht dein Gott.

7. Einen kleinen Augenblick verliess ich dich,
 aber mit grosser Liebe erfasse ich dich wieder.

8. In der Fluth der Zorngluth * verbarg ich mein
  Antlitz einen Augenblick vor dir,
 aber mit ewiger Huld erbarme ich mich dein,
 spricht dein Erretter, Jehova.

9. Wie bey den Wassern Noah's soll es jetzt seyn;
 so wie ich schwur, dass die Wasser Noah's nicht
  wieder die Erde überschwemmen sollten,
 so schwöre ich, nicht mehr auf dich zu zürnen,
  und dir nicht zu fluchen.

10. Denn die Berge weichen und die Hügel wanken,
 aber meine Huld weicht nicht von dir,
 und mein Friedens-Bund wankt nicht;
 spricht dein Erbarmer Jehova.

11. Du Arme, vom Sturme Umhergeworfene, Trost-
  lose,
 siehe, ich lege in Bleyglanz deine Steine,
 und gründe dich auf Sapphiren.

12. Ich mache von Rubin deine Zinnen,
   und deine Thore von Carfunkelsteinen,
   all' dein Gebiet voll köstlicher Steine.

13. Alle deine Söhne sollen Jünger Jehova's seyn,
   und gross deiner Söhne Glück.

14. Durch Gerechtigkeit sollt du befestigt werden,
   sey fern von Angst, denn du hast nichts zu fürchten,
   von Schrecken, denn er naht dir nicht.

15. Und rotten sich welche, so ist's nicht mehr von
       mir,
   wer sich auch gegen dich rottet, er wird dir zu-
       fallen.

16. Siehe, ich schaffe den Schmidt,
   der das Kohlenfeuer anfacht,
   und eine Waffe schafft durch seine Arbeit,
   aber ich schaffe auch den Verwüster zum Vertilgen.

17. Jede Waffe, gegen dich geschmiedet, soll kein
       Glück haben,
   jede Zunge, die gegen dich auftritt vor Gericht,
       soll verurtheilt werden.
   Das ist das Erbe der Knechte Jehova's
   und ihr Heil, das von mir kommt, spricht Jehova.

LV, 1. Auf! alle Durstige, kommt zum Wasser,
   die ihr kein Geld habt, kommt, kauft und esst!
   Kommt und kaufet ohne Geld,
   ohne Preis, Wein und Milch.

2. Warum wägt ihr Silber dar, für kein Brot,
   und euren Erwerb für das, was nicht sättigt?
   Höret lieber auf mich, so sollt ihr Gutes geniessen,
   und eure Seele sich laben an Fett.

3. Neiget euer Ohr, und kommt zu mir,
   hört, auf dass eure Seele lebe,
   dass ich mit euch schliesse einen ewigen Bund,
   dauernde Huld, wie David (euch erweise).

4. Siehe! zum Herrscher der Völker habe ich ihn
        gemacht,
  zum Fürsten, und Gebieter der Völker.

5. Siehe! dir unbekannte Völker sollt du herbeyrufen,
  Völker, die dich nicht kannten, sollen dir zueilen:
  um Jehova's willen, deines Gottes,
  des Heiligen Israels, denn er verherrlicht dich.

6. Suchet Jehova, da er zu finden ist:
  rufet ihn, weil er nahe ist.

7. Es lasse der Frevler von seinem Wege,
  und der Uebelthäter von seinen Gedanken:
  er bekehre sich zu Jehova, dass er sich sein er-
        barme,
  und zu unserem Gott, denn er vergibt viel.

8. Denn meine Gedanken sind nicht eure Gedanken,
  und eure Wege nicht meine Wege, spricht Jehova.

9. Sondern wie der Himmel höher ist als die Erde,
  so sind meine Wege höher als eure Wege,
  und meine Gedanken, als eure Gedanken.

10. Denn wie der Regen und der Schnee vom Himmel
        herabfällt,
  und nicht dorthin zurüekkehrt,
  sondern die Erde tränkt und fruchtbar macht,
        dass sie sprosse,
  und Saamen gibt zum Säen, und Brot zur Speise:

11. So ist mein Wort, das aus meinem Munde geht,
  es kehrt nicht leer zu mir zurück,
  sondern es vollbringt, was mir gefällt,
  und richtet aus, wozu ich es gesandt.

12. Ja! in Freuden sollt ihr ausziehn
  und in Frieden geleitet werden:
  die Berge und die Hügel sollen vor euch in Jubel
        ausbrechen,
  und alle Bäume des Feldes in die Hände klatschen.

13. Statt der Dornhecke sollen Cypressen aufwachsen,
statt der Heide Myrthen aufwachsen,
und dem Jehova wird es zum Ruhm gereichen,
zum ewigen Denkmal, das nicht vergeht.

Cap. LVI, 1—8.

Auch die Heyden sollen zur Gemeinde des Herrn
gehören.

1. So spricht Jehova:
Haltet auf Recht und übet Gerechtigkeit,
denn nahe ist meines Heils Ankunft,
und bald erscheinet meine Rettung.
2. Heil dem Manne, der solches thut,
und dem Menschensohne, der darauf hält,
der den Sabbath hält, und ihn nicht entheiligt,
der seine Hand bewahrt, nichts Uebeles zu thun.
3. Und nicht sage der Fremdling, der sich an Jehova
anschliesst:
„ausschliessen wird mich Jehova von seinem Volke:‟
nicht sage der Verschnittene: „siehe! ich bin ein
dürrer Baum.‟
4. Denn so spricht Jehova von den Verschnittenen:
Die meine Sabbathen halten,
und Gefallen haben an meinem Willen,
und festhalten an meinem Bunde,
5. denen gebe ich in meinem Hause und meinen
Mauern Antheil und Namen,
besser als durch Söhne und Töchter:
einen ewigen Namen gebe ich ihnen,
der nicht untergeht.
6. Und die Fremdlinge, die sich an Jehova anschlies-
sen, um ihm zu dienen,

um Jehova's Namen zu lieben, und seine Knechte
zu seyn,
jeder, der den Sabbath hält, und nicht entheiligt,
und die festhalten an meinem Bunde,

7. die bringe ich zu meinem heiligen Berge,
sie sollen sich freuen in meinem Bethause,
ihre Brandopfer und Schlachtopfer sind gern ge-
sehn auf meinem Altar,
denn mein Haus wird ein Bethaus für alle Völker
genannt.

8. Es spricht der Herr, Jehova,
der die Vertriebenen Israels sammelt:
ich sammele ferner zu ihm, zu seinen Versam-
melten.

Cap. LVI, 9 — LVII.

Strafrede gegen die Frevler und Götzendiener.

9. All' ihr Thiere des Feldes, kommt,
um zu fressen, all' ihr Thiere des Waldes.

10. Seine Wächter sind alle blind, und wissen von
nichts,
sie alle sind stumme Hunde, die nicht bellen
können,
die da träumen, da liegen, und den Schlummer
lieben.

11. Doch sind die Hunde gierig, und nicht zu sättigen;
Hirten sind sie, die nicht aufzumerken wissen,
sie alle gehen ihres Weges,
von allen Enden dem Gewinnst nach.

12. „Kommt, lasst mich Wein holen,
„und lasst uns zechen starkes Getränk,
„und wie jetzt, soll es morgen gehn,
„herrlich und in Freuden."

LVII, 1. Der Gerechte kommt um, und Niemand
nimmt es zu Herzen,
die Frommen werden hingerafft, und keiner merkt,
dass um der Bosheit willen der Gerechte dahin-
gerafft wird.

2. Er ging zum Frieden ein,
er ruht auf seinem Lager,
der in Redlichkeit wandelte.

3. Ihr aber tretet her, ihr Söhne der Zauberin,
ihr Brut des Ehebrechers und der Hure.

4. Ueber wen habt ihr eure Lust,
über wen sperrt ihr das Maul, und streckt die
Zunge?
Seyd ihr nicht abtrünnige Kinder, eine falsche
Brut?

5. Entbrannt für die Götzen
unter jedem grünen Baum?
Schlächter der Kinder in den Thälern,
unter den Felsenklüften?

6. Unbelaubte **Thäler** sind dein **Theil** *,
sie, sie sind dein Loos,
auch spendest du ihnen Trankopfer, und bringst
Speisopfer;
kann ich mich darob beruhigen?

7. Auf hohen und erhabenen Bergen schlägst du dein
Lager auf,
und dort steigst du hinan, um Opfer zu bringen.

8. Hinter Thür und Pfoste stiftest du dein Gedächtniss,
von mir gewandt deckst du das Lager auf, be-
steigst es, und machst Platz,
du dingst dir von jenen,
du wünschst ihr Beylager,
ersiehst einen Platz.

9. Du ziehst zum Könige mit Oel,
   nimmst viel der köstlichen Salben,'
   du sendest deine Boten in weite Ferne,
   bis tief in die Unterwelt.

10. Auf dem langen Wege wirst du müde,
    aber du sprichst nicht: „ich will es lassen,"
    du findest noch Leben in deiner Hand,
    darum wirst du nicht muthlos.

11. Vor wem bist du so bang und fürchtest dich,
    dass du treulos wurdest,
    und mein nicht gedenkst, noch es zu Herzen
    nimmst?
    Siehe, ich schwieg eine lange Zeit,
    darum fürchtest du mich nicht.

12. (Jetzt aber) verkünde ich dein Heil,
    und dein Machwerk, das wird dir nichts nützen.

13. Wenn du rufst, lass sie dich retten, deiner Göz-
    zen Schar,
    sie alle rafft ein Wind, ein Hauch nimmt sie hinweg,
    aber wer mir vertraut, soll das Land erben,
    und meinen heiligen Berg besitzen.

14. Es heisst: bahnet, bahnet, räumet den Weg,
    hebt jeden Anstoss vom Wege meines Volkes.

15. Denn also spricht der Hohe und Erhabene,
    der ewiglich thront, der Heilige ist sein Name:
    die (Himmels-) Höhe und das Heiligthum be-
    wohne ich,
    aber auch bey dem Verzagten, der gebeugten
    Geistes ist,
    um zu beleben den Geist der Gebeugten,
    zu beleben das Herz der Niedergeschlagenen.

16. Denn nicht immer will ich hadern,
    und nicht ewig zürnen;
    weil das Leben vor mir verschmachtet
    und die Seelen, die ich geschaffen.

17. Ob der Missethat seiner schnöden Gewinnsucht
     zürnte ich,
ich schlug, barg mich, und zürnte,
aber doch ging es abgewandt, seinem Sinne nach.
18. Seine Wege sahe ich, doch will ich es heilen,
ich will es leiten, und will Tröstung gewähren,
ihm und seinen Trauernden,
19. schaffend der Lippen Frucht.
Heil, Heil dem Fernen und dem Nahen,
spricht Jehova, ich heile ihn.
20. Aber die Gottlosen sind wie ein bewegtes Meer,
das nicht Ruhe halten kann,
dessen Gewässer Koth und Schlamm auswerfen.
21. Kein Heil, spricht mein Gott, für die Gottlosen.

Cap. LVIII.

Fortgesetzte Rüge, besonders gegen Entweihung
der Fest- und Fasttage.

1. Predige aus voller Kehle, hemme nicht,
gleich der Posaune erhebe deine Stimme,
und verkünde meinem Volke ihre Missethat,
dem Hause Jakobs ihre Sünde.
2. Da fragen sie mich Tag vor Tag,
und meine Wege wünschten sie zu wissen,
gleich einem Volk, das Gerechtigkeit gethan,
und von seines Gottes Gesetz nicht gelassen.
Sie fordern von mir Gerichte des Heils,
und wünschen, dass Gott nahen möge.
3. „Warum fasten wir, und du siehst's nicht an,
„kasteyen uns, und du merkst nicht darauf?"
Seht, an eurem Fasttage geht ihr dem Geschäft
     nach,
und alle eure Untergebenen drängt ihr.

4. Seht, bey Streit und Hader fastet ihr,
und schlagend mit freveler Faust.
Nicht fastet ihr jetzt,
dass eure Stimme erhört werde in der Höhe.
5. Ist das ein Fasten, wie ich es liebe,
ein Tag, wo sich der Mensch kasteyt?
dass er, wie Schilf, sein Haupt hänge,
und sich auf Sack und Asche lagere?
Magst du das ein Fasten nennen,
und einen Tag, Jehova wohlgefällig?
6. Siehe! das ist ein Fasten, das ich liebe:
löse die Fesseln der Bosheit,
streife ab die Bande der Unterjochung,
gib Unterdrückte frey,
und jegliches Joch zerbrich.
7. Siehe! brich dem Hungrigen dein Brot,
unglückliche Verfolgte führe ins Haus;
wenn du einen Nackenden siehst, so kleide ihn,
und entzieh dich nicht deinem Bruder.
8. Dann bricht, wie die Morgenröthe, dein Glück
hervor,
und deine Wunde heilet schnell;
es zieht dein Segen vor dir her,
und Jehova's Herrlichkeit beschliesst deinen Zug.
9. Dann wirst du rufen, und Jehova antworten,
du wirst schreyen, und er spricht: hier bin ich;
wenn du entfernt aus deiner Mitte Unterjochung,
Fingerzeigen und frevele Rede.
10. Wenn du dem Hungrigen reichst deinen Bissen,
und die darbende Seele sättigst,
dann geht dir in der Finsterniss ein Licht auf
und wie der Mittag wird dein Dunkel.
11. Und es leitet dich Jehova stets,
in der Dürre sättigt er deine Seele,
und deine Gebeine stärket er;

du wirst wie ein gewässerter Garten, und eine
Wasserquelle,
deren Wasser niemals täuschen.

12. Und es bauet dein Volk die alten Trümmer,
was zerstört lag von Geschlecht zu Geschlecht,
richtest du auf.
Man wird dich nennen: Lückenvermaurer,
der die Wege herstellt im bewohnten Lande.

13. Wenn du am Sabbath deinen Fuss zurückhältst,
dass du nicht dein Geschäft treibst an meinem
heiligen Tage,
wenn du den Sabbath eine Lust nennst,
Jehova heilig und geehrt,
und ehrst ihn, dass du nicht thust deine Wege,
nicht deinem Geschäft nachgehst und (frevele)'
Worte sprichst:

14. Dann sollst du Lust haben an Jehova,
ich lasse dich einherfahren auf des Landes Höhen,
lasse dich geniessen das Erbe Jakobs, deines Vaters,
denn der Mund Jehova's sprach's.

Cap. LIX.

Ob der Frevel des Volkes zögere die Rettung.

1. Siehe! nicht zu schwach ist Jehova's Hand zum
Retten,
nicht taub ist sein Ohr zum Hören;

2. Sondern eure Missethaten scheiden euch von eurem Gott,
und eure Sünden bergen sein Antlitz von euch,
dass er nicht hört.

3. Denn eure Hände sind mit Blut befleckt,
und eure Finger mit Missethat,
eure Lippen reden Lüge,
eure Zunge spricht Frevel.

4. Niemand führt seine Sache mit Gerechtigkeit,
und keiner rechtet mit Redlichkeit,
sie trauen auf eiteln Tand, reden Falschheit,
gehen schwanger mit Unheil, erzeugen Verderben.

5. Schlangen-Eyer brüten sie,
und Spinnen-Gewebe weben sie.
Wer von ihren Eyern isst, stirbt,
und wird eins zertreten, so kriecht eine Otter aus.

6. Ihr Gewebe dient nicht zum Kleide,
noch mag man sich decken mit ihrem Machwerk;
ihre Werke sind Werke des Frevels,
und Gewaltthat ist in ihren Händen.

7. Ihre Füsse rennen zum Bösen,
und eilen, unschuldig Blut zu vergiessen,
ihre Gedanken sind frevle Gedanken,
Druck und Verderben auf ihren Wegen.

8. Den Weg des Friedens kennen sie nicht,
kein Recht ist auf ihren Strassen,
sie gehen auf krummen Steigen,
wer sie betritt, weiss nichts von Frieden.

9. Darum ist fern von uns das Recht,
und nicht erreicht uns das Heil:
wir harren auf Licht, und siehe! Finsterniss,
auf Helligkeit, und im Dunkeln wandeln wir.

10. Wir tappen, wie Blinde, an der Wand,
wie Augenlose tappen wir.
Wir straucheln am Mittag, wie in der Dunkelheit,
auf fetten Fluren, gleich den Todten.

11. Wir brummen, wie die Bären, alle,
wie die Tauben, girren wir;
wir harren auf Recht, und es kommt nicht,
auf Rettung, und sie ist fern von uns.

12. Denn viel sind unserer Vergehungen vor dir,
und unsere Sünden zeugen wider uns;

denn unsere Vergehungen sind uns bekannt,
und unsere Missethaten kennen wir.

13. Wir fielen ab und verleugneten Jehova,
wichen zurück von unserem Gott,
redeten Unrecht und Abfall,
unser Herz empfing und gebar Worte der Lügen.

14. Zurückgedrängt wird das Recht,
und die Gerechtigkeit steht von fern,
denn es strauchelt auf dem Markt die Unschuld,
und Redlichkeit findet keinen Eingang.

15. Die Wahrheit wird etwas Seltenes,
wer fern ist von Bösen, wird beraubt.
Das sieht Jehova,
und es misfällt ihm, dass kein Recht da ist.

16. Er sieht, dass keiner da ist,
erstaunt, dass Niemand (das Recht) vertritt,
darum hilft ihm sein Arm,
und seine Gerechtigkeit, die stützt ihn.

17. Er zieht Gerechtigkeit an, wie einen Panzer,
und den Helm des Sieges setzt er aufs Haupt:
der Rache Gewande sind sein Kleid,
er hüllt sich in den Mantel des Eifers.

18. Nach dem Verdienst, darnach vergilt er,
Grimm seinen Widersachern, Lohn seinen Feinden:
den fernen Küsten wird er's vergelten.

19. Fürchten werden sie im Niedergang Jehova's Namen,
im Sonnenaufgang seine Herrlichkeit,
wenn er kommt, wie ein beengter Strom,
den der Wind Jehova's treibt.

20. Doch kommt für Zion ein Erlöser,
für die bekehrten Sünder in Jakob, spricht Jehova.

21. Und ich, das ist mein Bund mit ihnen, spricht
Jehova:
mein Geist, der auf dir ruht,
und meine Worte, die ich in deinen Mund gelegt,

sollen nicht weichen von deinem Munde,
und dem Munde deiner Kinder und dem Munde
        deiner Kindes-Kinder, spricht Jehova,
von nun an bis in Ewigkeit.

Cap. LX.

Die Herrlichkeit des neuen Jerusalem.

1. Auf, zum Lichte, denn es kommt dein Licht:
   und die Herrlichkeit Jehova's geht über dir auf.
2. Denn siehe, Finsterniss decket die Erde,
   und Nacht die Nationen;
   aber über dir geht Jehova auf,
   und seine Herrlichkeit erscheint über dir.
3. Es kommen Völker zu deinem Licht,
   und Könige zu dem Glanze, der dir aufgegangen.
4. Erhebe rings deine Augen und siehe,
   sie alle versammeln sich und kommen zu dir,
   deine Söhne kommen von fern,
   und deine Töchter werden auf dem Arme getragen.
5. Dann sollt du zittern und dich freuen,
   beben und erweitern soll sich dein Herz,
   wenn dir zugewandt wird des Meeres Reichthum,
   der Völker Schätze dir zugeführt werden.
6. Eine Menge von Kameelen wird dich decken,
   Dromedare von Midian und Epha;
   aus Saba kommen sie alle,
   bringen Gold und Weihrauch,
   und verkünden das Lob Jehova's.
7. Alle Heerden Kedar's sammeln sich zu dir,
   Nebajoth's Widder werden dir dienen,
   werden meinen Altar besteigen, ein wohlgefälliges
        Opfer,
   und mein glänzend Haus will ich schmücken.

8. Wer sind jene, die wie Wolken daherfliegen?
wie Tauben zu ihren Häusern?

9. Ja! mein harreten ferne Küsten,
und Tarsis-Schiffe voran,
aus der Ferne zu bringen deine Kinder;
ihr Gold und ihr Silber mit ihnen,
ob Jehova's, deines Gottes, Namen,
des Heiligen Israels, denn er verherrlicht dich.

10. Es bauen die Söhne der Fremde deine Mauern,
und ihre Könige dienen dir;
denn in meinem Grimme schlug ich dich,
aber in meiner Gnade erbarme ich mich dein.

11. Stets hält man deine Thore offen,
unverschlossen Tag und Nacht;
um zu dir einzulassen der Völker Schätze,
und ihre Könige mit Gefolge.

12. Denn die Völker und die Königreiche,
die dir nicht dienen wollen, werden untergehn,
und die Völker werden vertilgt werden.

13. Des Libanon Pracht wird dir zugeführt,
Cypressen, Fichten und Zedern allzumal,
zu schmücken den Ort meines Heiligthums,
dass ich verherrliche den Ort, wo meine Füsse
ruhn.

14. Es kommen zu dir gebückt die Söhne deiner Bedrücker,
es fallen zu deinen Füssen alle, die dich ver-
höhnten;
und nennen dich Jehova's Stadt,
Zion des Heiligen in Israel.

15. Statt dass du verlassen warst und verhasst,
und Niemand dich betrat,
mache ich dich zu ewiger Herrlichkeit,
zur Wonne für Geschlecht und Geschlecht.

16. Saugen sollst du die Milch der Völker,
und die Brust der Könige saugen;
und sollst erfahren, dass ich Jehova dein Retter
bin,
dein Erlöser, der Starke Jakobs.

17. Statt des Erzes will ich Gold bringen,
und statt des Eisens Silber bringen;
statt des Holzes Erz,
und statt der Steine Eisen,
und setze zu deiner Obrigkeit den Frieden,
zu deinen Fürsten Gerechtigkeit.

18. Nicht hört man fürder Gewaltthat in deinem Lande,
Verwüstung und Untergang in deinen Grenzen,
du nennst Heil deine Mauern,
und deine Thore Ruhm.

19. Nicht dient dir fürder die Sonne zum täglichen
Licht,
noch mit seinem Schimmer leuchtet dir der Mond,
sondern Jehova dient dir zum ewigen Licht
und dein Gott glänzet dir.

20. Nicht geht dann deine Sonne unter,
und nicht verdunkelt sich dein Mond,
denn Jehova dient dir als ewiges Licht
und vorüber sind die Tage deiner Trauer.

21. Dein Volk sey lauter Gerechte:
ewig besitzen sie das Land,
ein Sprössling von mir gepflanzt,
ein Werk meiner Hände, um mich zu verherrlichen.

22. Der Kleinste wird zu Tausend,
und der Geringste zu mächtigem Volk,
ich Jehova vollbringe es schnell zu seiner Zeit.

K

Cap. LXI.

Fortsetzung von Wiederherstellung des Staats. Der Prophet hat diese zu verkündigen.

1. Der Geist des Herrn Jehova ruht auf mir,
   denn gesalbt hat mich Jehova,
   frohe Botschaft zu bringen den Leidenden, sandte
        er mich,
   zu heilen verwundete Herzen,
   Freiheit zu verkündigen den Gefangenen,
   und den Gefesselten Oeffnung des Kerkers.
2. Zu verkündigen ein Jahr der Gnade von Jehova,
   einen Tag der Rache von unserm Gott,
   zu trösten alle Trauernden.
3. Zu geben den Trauernden Zions,
   ihnen zu schenken Freud statt Leid *,
   Freudenöl statt der Trauer,
   Prachtgewande statt des verzagten Geistes:
   dass man sie nenne: gesegnete Terebinthen,
   eine Pflanzung Jehova's, um sich zu verherrlichen.
4. Sie bauen das lang Verwüstete,
   richten der Vorzeit Trümmer auf:
   erneuen die verwüsteten Städte,
   was in Trümmern lag von Geschlecht zu Geschlecht.
5. Fremde stehn da und weiden eure Heerden,
   Söhne der Fremde werden eure Ackerer und Win-
        zer.
6. Ihr aber heisset Priester Jehova's,
   Diener unseres Gottes nennt man euch.
   Der Völker Reichthum verzehret ihr,
   und rühmet euch ihrer Herrlichkeit.
7. Für eure Schmach wird euch doppelter Lohn,
   für die Schande sollen sie jubeln in ihrem Erb-
        theil:

darum sollen sie in ihrem Lande das Doppelte besitzen,
ewige Freude wird ihnen zu Theil.

8. Denn ich Jehova liebe Recht,
hasse Raub und Ungerechtigkeit,
ich gebe ihnen ihren Lohn mit Treue,
und einen ewigen Bund schliesse ich mit ihnen.

9. Und berühmt wird unter den Nationen ihr Geschlecht,
und ihre Sprösslinge unter den Völkern:
alle, die sie sehen, werden erkennen,
dass sie ein Geschlecht, von Jehova gesegnet.

10. „Freuen will ich mich Jehova's,
„meine Seele frohlocket über meinen Gott;
„denn er kleidet mich mit Kleidern des Heils,
„des Segens Mantel legt er mir um:
„wie der Bräutigam den prächtigen Kopfschmuck,
„und wie die Braut ihr Geschmeide anlegt."

11. Denn wie die Erde ihre Sprossen hervortreibt,
und wie der Garten sprossen lässt sein Kraut;
so lässt der Herr Jehova Heil sprossen,
und Ruhm vor allen Nationen.

Cap. LXII.

*Neue Ankündigung der Rückkehr. Des Propheten
Fürbitte.*

1. Um Zions willen schweige ich nicht,
um Jerusalems willen raste ich nicht,
bis, wie Sonnenglanz, aufgeht sein Heil,
und seine Rettung, wie eine brennende Fackel.

2. Dann schauen Nationen dein Heil,
und alle Könige deine Herrlichkeit:

man nennet dich mit einem neuen Namen,
den Jehova's Mund bestimmen wird.

3. Eine herrliche Krone wirst du in Jehova's Hand,
ein königlicher Kopfbund in deines Gottes Hand.

4. Nicht nennet man dich fürder: Verlassene,
und dein Land nennt man nicht mehr: Wüste,
sondern dich nennt man: meine Lust an ihr,¡
und dein Land: Vermählte.
Denn seine Lust hat Jehova an dir,
und dein Land soll vermählt werden.

5. Denn wie sich der Jüngling der Jungfrau vermählt,
so vermählen sich dir deine Kinder:
und wie ein Bräutigam sich freuet der Braut,
so freuet sich über dich dein Gott.

6. Auf deinen Mauern, Jerusalem, habe ich Wächter bestellt,
den ganzen Tag und die ganze Nacht sollen sie
nicht schweigen:
erinnert den Jehova und habt keine Ruhe,

7. Und lasset ihm keine Ruhe,
bis er Jerusalem gründet und macht es zum Preis
auf Erden.

8. Geschworen hat Jehova bey seiner Rechten und
seinem gewaltigen Arm:
nicht gebe ich fürder dein Korn zur Speise deinen
Feinden,
nicht sollen die Söhne der Fremde deinen Most
trinken,
um den dir's sauer ward.

9. Sondern die es gesammelt, sollen es essen,
und den Jehova preisen:
und die den Wein gelesen, sollen ihn trinken
in meinen heiligen Vorhöfen.

10. Zieht, zieht in die Thore,
    bereitet den Weg dem Volke,
    bahnet, bahnet die Bahn,
    räumt die Steine hinweg:
    richtet ein Panier auf für die Stämme.
11. Siehe! Jehova verkündet der Erde Enden:
    „Sagt der Tochter Zions: siehe, dein Retter
    kommt:
    „siehe, sein Lohn ist mit ihm, und seine Vergel-
    tung vor ihm her."
12. Man nennet sie: das heilige Volk, Jehova's Erlöste,
    und dich nennt man: gesuchte, nicht verlassene
    Stadt.

Cap. LXIII, 1—6.

Der Untergang Edoms.

(Das Volk.)

1. Wer ist das, der von Edom kommt,
   in rothen Kleidern von Bozra?
   Er, geschmückt in seinem Gewande,
   stolz ob seiner gewaltigen Kraft?

(Jehova.)

Ich bin's, der da Heil verheisst,
und der da Macht hat zu retten.

(Das Volk.)

2. Warum ist roth dein Gewand,
   sind deine Kleider, wie des Keltertreters?

(Jehova.)

3. Die Kelter trat ich, ich allein,
   und von den Völkern war niemand mit mir.
   Da trat ich sie in meinem Zorn,
   und zermalmte sie in meinem Grimm:
   dass ihr Saft an meine Kleider spritzte,
   und all mein Gewand besudelte ich.

4. Denn der Tag der Rache war von mir beschlossen,
das Jahr meiner Rettung war gekommen.
5. Und ich schaute umher, da war kein Helfer,
ich staunte, und niemand unterstützte mich.
Da half mir mein Arm,
und mein Grimm, der unterstützte mich.
6. Ich zertrat die Völker in meinem Zorne,
ich zermalmte sie in meinem Grimme;
dass zur Erde rann ihr Blut.

Cap. LXIII, 7—19. LXIV.

Sündenbekenntniss des Volks und des Propheten
Fürbitte.

7. Jehova's Gnade will ich preisen, Jehova's Ruhm,
nach allem, was er an uns gethan,
seine grosse Huld gegen das Haus Israel,
die er ihm bewiesen nach seiner Barmherzigkeit
und grossen Gnade.
8. Er sprach: ja! sie sind mein Volk,
Kinder, die nicht treulos sind,
und ward ihr Retter.
9. In aller Bedrängniss traf sie kein Trübsal,
ein Engel Gottes errettete sie;
nach seiner Liebe und Erbarmung erlöste er sie,
und hob und trug sie alle Tage der Vorzeit.
10. Sie aber empörten sich und reizten seinen heiligen Geist,
da wandelte er sich in ihren Feind,
er selber kämpfte gegen sie.
11. Da gedachte sein Volk der alten Tage Mose's
(und sprach):
Wo ist der, der sie aus dem Meere führte mit dem
Hirten seiner Heerde,
wo ist, der seinen heiligen Geist in seine Mitte legte?

12. Der zur Rechten Mose's wandeln liess seinen
    herrlichen Arm,
der Gewässer spaltete vor ihnen,
um sich einen ewigen Namen zu machen?
13. Der sie durch die Fluthen leitete,
wie das Ross auf der Ebene, ohne Straucheln?
14. Wie das Vieh ins Thal hinabsteigt,
führte sie Jehova's Geist zur Ruhe.
So leitetest du dein Volk,
um dir einen glänzenden Namen zu machen.
15. Schau vom Himmel und sieh her von deiner heili-
    gen und glänzenden Wohnung!
Wo ist dein Eifer und deine Macht?
dein Mitleid und Erbarmen gegen mich halten sich
    zurück.
16. Du bist ja unser Vater,
Abraham weiss nichts von uns,
und Israel kennt uns nicht.
Du, Jehova, bist unser Vater,
unser Retter ist dein Name von Ewigkeit.
17. Warum, Jehova, lässest du uns abirren von dei-
    nen Wegen,
verstockst unser Herz gegen deine Furcht?
Kehre um, um deiner Knechte willen,
der Stämme deines Eigenthums.
18. Auf kurze Zeit besass dein heiliges Volk (das
    Land),
da plünderten unsere Feinde dein Heiligthum.
19. Es ging uns, als hättest du uns nimmer be-
    herrscht,
als wären wir nie genannt nach deinem Namen.

LXIV, 1. O zerrissest du die Himmel und stiegest
    herab,
dass vor dir die Berge bebten,

wie Feuer vom Reisholz schnell entglüht,
Wasser aufsiedet vom Feuer,
  kund zu thun deinen Namen deinen Widersachern,
  dass Nationen vor deinem Antlitz bebten:
2. Wie du sonst Wunder thatst, die wir nicht er-
      . warteten,
  und herabstiegst, dass vor dir die Berge bebten.
3. Nimmer hat man gehört und vernommen,
  kein Auge sah einen Gott ausser dir,
  der solches that für die, so auf ihn harrten.
4. Du nimmst dich dessen an, der mit Freuden Recht
      thut,
  derer, die dein gedenken auf deinen Wegen.
  Siehe! du zürntest und wir büssen,
  lange dauert die Busse, bis wir gerettet werden.
5. Wie ein Unreiner sind wir alle,
  wie ein besudelt Kleid all' unsere Gerechtigkeit;
  verwelkt, wie ein Blatt, sind wir alle,
  unsere Sünden reissen, wie ein Sturm, uns fort.
6. Niemand ruft deinen Namen an,
  macht sich auf, dir anzuhängen;
  denn du verbirgst dein Antlitz vor uns,
  und lässest uns vergehen in unsern Missethaten.
7. Und nun Jehova, du unser Vater,
  wir sind der Thon und du bist unser Bildner,
  deiner Hände Werk sind wir alle.
8. Zürne nicht, Jehova, allzu sehr,
  gedenke nicht auf immer der Missethat,
  siehe, schaue doch her, dein Volk sind wir alle.
9. Deine heiligen Städte sind eine Wüste worden,
  Zion ist eine Wüste, Jerusalem eine Einöde.
10. Unser heiliges und glänzendes Haus,
  wo dich unsere Väter priesen,
  ist mit Feuer verbrannt,
  und alle unsere Kostbarkeiten sind verwüstet.

11. Willst du bey solchem an dich halten, Jehova,
    willst du schweigen, und uns so sehr betrüben?

Cap. LXV. LXVI.

Jehova's Antwort auf jenes Gebet: die Gottlosen wer-
den bestraft, die Frommen aber glänzend wieder-
hergestellt werden.

1. Ich habe erhört, die nicht baten,
    ich liess mich finden, von denen, die mich nicht
        suchten;
    ich sprach: hie bin ich, hie bin ich,
    zu einem Volke, das sich nicht nach meinem Na-
        men nennt.

2. Ich breitete täglich meine Hände aus
    nach dem widerspenstigen Volke,
    das auf bösen Wegen geht,
    seinen Gelüsten 'nach:

3. Nach dem Volke, das frech mich kränket immer-
        fort,
    in den Gärten opfert,
    und räuchert auf den Ziegelsteinen.

4. Das in den Gräbern sitzt,
    in Höhlen übernachtet,
    Schweinefleisch isst,
    und unreine Brühen in seinen Schüsseln hat.

5. Und noch sagt: „bleib für dich, komm mir nicht
        zu nahe,
    denn ich bin heilig.“
    Solche sind ein Rauch in meiner Nase,
    ein Feuer, das immerfort brennt.

6. Siehe! es steht vor mir geschrieben:
nicht schweigen will ich, sondern vergelten,
vergelten will ich's in ihrem Schoss:.

7. Eure Missethaten und eurer Väter Missethaten zusammen, spricht Jehova,
die da räucherten auf den Bergen,
auf den Hügeln mich schmäheten,
messen will ich ihrer vorigen Thaten Lohn in
ihren Schoss.

8. So spricht Jehova:
Wenn sich Saft in einer Traube findet,
spricht man: „verdirb sie nicht, es ist Segen darin:"
so will ich thun um meiner Knechte willen, und
nicht alles vernichten.

9. Ich lasse aus Jakob einen Stamm hervorgehn,
und aus Juda einen Erben meiner Berge;
erben sollen es meine Auserwählten,
und meine Knechte sollen daselbst wohnen.

10. Und Saron wird ein Heerden-Anger,
das Thal Achor ein Lagerplatz der Rinder,
für mein Volk, das mich gesucht.

11. Ihr aber, die ihr Jehova verliesset,
und vergasset meinen heiligen Berg,
die ihr dem Glück einen Tisch zurichtet,
und dem Verhängniss den Becher füllt.

12. Ueber euch verhänge ich das Schwert *),
ihr alle sollt vor der Schlachtbank knien,
weil ich rief, und ihr nicht antwortetet,
ich sprach, und ihr nicht hörtet,
und thatet, was bös ist in meinen Augen,
was ich nicht will, erwähltet.

---

*) Wortspiel im Original. Auch wiederzugeben mit Schick-
sal, schicken.

13. Deshalb spricht der Herr Jehova also:
    siehe! meine Knechte werden essen und ihr wer-
        det hungern,
    siehe! meine Knechte werden trinken und ihr wer-
        det dursten.
    siehe! meine Knechte werden sich freuen und ihr
        beschämt werden.

14. Siehe! meine Knechte werden jubeln vor Freude
        des Herzens,
    und ihr werdet schreyen vor Herzeleid,
    und vor Seelenkummer jammern.

15. Ihr hinterlasset euren Namen zum Fluchwort mei-
        ner Auserwählten,
    es tödtet euch der Herr Jehova,
    und seinen Knechten gibt er einen andern Namen.

16. Wer sich segnet im Lande,
    segnet sich beym wahren Gott;
    und wer schwört im Lande,
    schwört beym wahren Gott;
    denn vergessen werden die vorigen Drangsale,
    und verborgen vor meinen Augen.

17. Denn siehe! ich schaffe neue Himmel und eine
        neue Erde,
    nicht gedenken wird man der vorigen,
    und nicht kommen sie mehr in den Sinn.

18. Sondern freuen sollt ihr euch und frohlocken in
        Ewigkeit,
    dessen, was ich schaffe;
    denn siehe! ich mache Jerusalem voll Frohlocken,
    sein Volk voller Wonne.

19. Und ich frohlocke über Jerusalem,
    und freue mich meines Volkes;
    nicht wird fürder darin gehört
    Weinen und Klaggeschrey.

20. Dort wird kein junger Knabe und kein Greis
seyn,
der nicht seines Lebens Ziel erreichte;
denn der Hundertjährige wird als Jüngling sterben,
und den Sünder als hundertjährig der Fluch treffen.

21. Sie werden Häuser bauen und bewohnen,
Weinberge pflanzen und ihre Frucht essen.

22. Nicht sollen sie bauen, und ein anderer bewohnen,
nicht pflanzen, und ein anderer essen,
denn der Bäume Alter soll mein Volk erreichen,
und ihrer Hände Werk sollen meine Auserwählten
geniessen.

23. Nicht vergebens sollen sie sich abmühen,
nicht Kinder zeugen für plötzlichen Tod,
denn ein Stamm sind sie, von Jehova gesegnet,
und ihre Sprösslinge bleiben ihnen.

24. Und ehe sie rufen, werde ich antworten,
wenn sie noch reden, werde ich schon hören;

25. Wolf und Lamm sollen zusammen weiden,
der Löwe frisst Stroh, wie die Rinder,
und der Schlange Speise ist Staub.
Nicht böse und nicht verderblich handeln sie auf
meinem ganzen heiligen Berge,
spricht Jehova.

LXVI, 1. So spricht Jehova:
Der Himmel ist mein Thron,
und die Erde meiner Füsse Schemel.
Wo ist das Haus, das ihr mir bauen könntet,
und wo eine Stätte zu meiner Ruhe?

2. Und dieses alles hat meine Hand gemacht,
dieses alles ist geworden, spricht Jehova;
und auf ihn schaue ich,
den Leidenden, niedergeschlagenen Geistes,
der mein Wort fürchtet.

3. Der ein Rind schlachtet, erschlägt einen Mann,
der ein Schaf opfert, würgt einen Hund,
der Speisopfer darbringt, bringt Saublut,
der Weihrauch anzündet, betet Götzen an.

Ja jene haben ihre Lust an ihren Wegen,
und an ihren Gräueln hat ihre Seele Wohlgefallen.

4. (Aber) ich habe Lust an ihrem Untergange,
was sie fürchten, lass' ich über sie kommen;
weil ich rief, und niemand antwortete,
ich sprach, und sie nicht hörten,
sie thaten, was bös ist in meinen Augen
und was ich nicht will, erwählten sie.

5. Hört das Wort Jehova's,
die ihr sein Wort fürchtet!
Es sagen eure Brüder, die euch hassen,
und euch ausstossen um meines Namens willen:
„Jehova verherrliche sich, dass wir eure Freude
sehen,"
aber sie werden zu Schanden.

6. Es tönt Getümmel von der Stadt her,
Getümmel von dem Tempel,
Jehova's Stimme, der seinen Feinden vergilt.

7. Ehe ihr wehe wird, gebiehrt sie,
ehe ihr Wehen ankommen, ist sie eines Knaben
genesen.

8. Wer hat solches gehört, wer dergleichen gesehen?
Wird ein Land geboren in einem Tage,

und ein Volk geboren mit Einem Mal,
dass Zion ihre Kinder gebahr, als ihr kaum wehe
worden?

9. Sollt' ich zur Geburt bringen und nicht gebären
lassen, spricht Jehova,
sollt' ich, der ich zeugte, die Geburt hemmen?
spricht dein Gott.

10. Freuet euch mit Jerusalem,
und frohlocket über sie, alle die ihr sie liebt,
freuet euch mit ihr,
die ihr um sie trauertet.

11. Auf dass ihr sauget und satt werdet an der Brust
ihres Trostes,
auf dass ihr sauget und euch freuet an ihrer Herrlichkeit Fülle.

12. Denn so spricht Jehova:
siehe, ich leite ihr Heil zu, wie einen Strom,
und, wie einen überströmenden Bach, der Völker
Reichthum euch zum Genuss;
Auf dem Arm werdet ihr getragen werden,
auf den Knien geliebkost.

13. Wie ein Mann, den seine Mutter tröstet,
so will ich euch trösten,
und in Jerusalem sollt ihr getröstet werden.

14. Schauen sollt ihr, und euer Herz sich freuen,
eure Gebeine sollen sprossen, wie junges Grün,
kund wird Jehova's Macht seinen Knechten,
aber er ergrimmt gegen seine Feinde.

15. Denn siehe! Jehova kommt in Feuer,
wie der Sturmwind sind seine Wagen,
auszuhauchen in Glut seinen Zorn,
und seinen Fluch in Feuerflammen.

16. Denn mit Feuer rechtet Jehova,
    und durch sein Schwert mit allem Fleisch,
    viel werden der Erschlagenen Jehova's seyn.

17. Die sich heiligen und reinigen für die (Götzen-)
        Haine,
    von Einem angeführt *) im Vorhof,
    die Schweinefleisch essen, und Gräuel und Mäuse,
    sie gehen unter allzumal, spricht Jehova.

18. Ich (kenne) ihre Werke und ihre Gedanken.
    Es kommt (die Zeit) zu versammeln alle Völker
        und Zungen,
    sie sollen kommen und schauen meine Herrlichkeit.

19. Ich thue ein Zeichen unter ihnen,
    und sende von ihnen Gerettete an die Völker,
    nach Tharsis, zu Phul und Lud, den Bogenschützen,
        Tubal und Javan,
    den fernen Küsten, die nie von mir gehört,
    und nicht gesehn meine Herrlichkeit,
    sie sollen den Völkern meine Herrlichkeit ver-
        kündigen.

20. Und bringen sollen sie alle eure Brüder,
    aus allen Völkern her zur Gabe für Jehova,
    auf Rossen und auf Wagen und auf Sänften und auf
        Maulthieren und auf Dromedaren,
    auf meinen heiligen Berg Jerusalem, spricht Je-
        hova,
    So wie die Söhne Israels ihre Gabe darbringen
    in reinem Gefäss im Hause Jehova's.

21. Und auch von ihnen will ich nehmen
    zu Priestern und Leviten, spricht Jehova.

22. Denn so wie die neuen Himmel
    und die neue Erde, die ich schaffe,

---

*) Nach dem Vorgang des Hierophanten.

vor mir bestehen, spricht Jehova,
so besteht auch euer Stamm und euer Name.

23. Und es geschieht von Neumond zu Neumond,
und von Sabbath zu Sabbath,
dass alles Fleisch kommt, um vor mir anzubeten,
spricht Jehova.

24. Dann werden sie herausgehn, und schauen
die Leichname der Menschen, die von mir abgefallen;
denn ihr Wurm stirbt nie,
und ihr Feuer verlischt nicht,
sie sind ein Abscheu allem Fleisch.

Anmerkungen.

III, 1. Ich habe die Parenthesen gestrichen, in welche ich früher die Worte „jede Stütze des Brotes, jede Stütze des Wassers" geschlossen, da mir der dagegen erhobene kritische Verdacht (s. Comment. S. 195) nicht erheblich genug scheint. Das verkündigte Strafgericht besteht nämlich in feindlichen Invasionen, wobei die Angesehensten im Volke umkommen (V. 2. 3), womit aber auch Plünderung verbunden ist, so dass Mangel am Nothdürftigsten entstehet. Daher V. 7: in meinem Hause ist nicht **B r o t**, nicht Kleidung.

III, 14. Die Vorwürfe des Weltenrichters beginnen mit dem **W**aw copulativo: וְאַתֶּם בְּעַרְתֶּם וְגו' was einen besondern Nachdruck hat. Es wird vorausgesetzt, dass der Richter durch die Untersuchung vernommen, wie die Volksältesten selbst den Weinberg, den sie hüten sollten, abgeweidet, und die Rede beginnt also mit einem Resultat aus Vorhergegangenem. „Also (nach dem, was ich vernommen) seyd **i h r** es u. s. w. Aehnlich steht וְ nicht selten. 47, 9. 58, 2. 2 M. 2, 20. 2 Sam. 24, 3. 2 Kön. 4, 41. Ps. 4, 4: וּדְעוּ (so wisset denn u. s. w.).

XV, 4. Um das Wortspiel mit יָרִיעוּ und dem ἅπαξ λεγόμ. יְרֵעָה und zugleich letzteres Wort ganz zu verstehen, muss man erwägen, dass beyde Worte von dem gemeinschaftlichen Urstamme רע, רעע, (רוע) b e b e n, dann

L

von heftiger bebender Bewegung, **donnern, toben**, u.
s. w. ausgehen (s. m. Wtrb. 3. Ausg. u. d. W. רָעַד). Daher רָרַע, עֹרַע, ךְרַע beben, יָרַה Jes. 44, 8. dass., und mit
erweichter und selbst quiescirend gewordener Gutturalis
יָרֵא, welches dasselbe Wort ist, und ohne Zweifel auch
die Grundbedeutung des Bebens hat. Eben so ist das
ἅπαξ λεγόμ. בְּזָא 18, 2 erweicht aus בְּזַע, hebr. פָּצַע, בָּצַע,
und eig. zerschneiden, durchschneiden, „dessen Land
Ströme durchschneiden."

XVII, 9. Die ungezwungenste Erklärung dieser
schwierigen Stelle ist ohne Zweifel die alte, nach welcher
an die Flucht der Canaaniter vor den Israeliten gedacht
wird. Ephraim's Bürger, ist der Sinn, werden jenen öden
Trümmern alter Burgen gleichen, die wir überall in unserm Vaterland in Wäldern und auf Bergen sehen, welche die Canaaniter einst auf der Flucht vor Israël verlies-
sen. עֲזוּבַת הַחֹרֶשׁ וְהָאָמִיר das Verlassene oder Verödete
im Walddickicht und auf den Berggipfeln (der Art. col-
lective), wird allein passend auf verlassene Bergvesten und
Burgen bezogen, worauf schon die Vergleichung mit Burgen hinführt. Vgl. V. 2. unsers Capitels, und 6, 12:
רַבָּח הָעֲזוּבָה בְּקֶרֶב הָאָרֶץ *viel werden der verlassenen*
(verödeten) *Wohnungen*, öden Stätten, *mitten im Lande.*
עֲזוּבָה ist an beyden Stellen nicht Subst. abstr., sondern
Part. pass. fem., und das Fem. steht wie oft, für den Plu-
ralbegriff. הָאָמִיר ist hier nicht der Wipfel des Baumes,
wie V. 6, sondern der Berggipfel, wie die syn. فرع
und *cacumen* ebenfalls von beyden gebraucht werden. עָזַב
mit מִפְּנֵי setzt nothwendig ein Verlassen auf der Flucht,
aus Furcht vor jem. voraus (s. Wörterb. 3te Ausgabe
S. 682), dass aber bey עָזְבוּ sofort an Canaaniter gedacht
wurde, welche jedermann als die ehemaligen Besitzer jener verfallenen Burgen kannte, ist natürlich, und die Hin-
weisung auf solche Trümmer eines früheren Geschlechtes,

die sich in vielen Theilen des Landes finden mochten,
wie sie sich noch jetzt (freylich aus einer spätern, nur für
uns alten Zeit) dort finden, sehr treffend. Die Lesart der
LXX. ist hiernach aus einer richtigen Auffassung der Stelle
hervorgegangen.

XXIX, 9. Ich fasse die doppelten Imperativen in der
ersten Hälfte dieses Verses jetzt eben so, wie 8, 9 רׄעוּ
עַמִּים וָחֹתּוּ und V. 10 הִתְמַהְמְהוּ וּתְמָהוּ, nämlich den erstern
zugebend, den zweyten versichernd, und somit drohend,
vgl. Hiob 2, 9: lobe nur Gott, du musst doch sterben.
Die beyden Hemistichien schliessen sich an die vorige Weissagung an, und enthalten eine Versicherung des Erfolges,
an die leichtsinnige, ungläubige Menge gerichtet. Das erste Paar würde ohne Wiedergebung der Paronomasie heissen: wartet nur, ihr sollt schon staunen (näml. wenn das
V. 1 — 8 Geweissagte geschieht): das zweyte eigentl. seyd
nur lustig, überlasset euch euern Lustbarkeiten, eurem
Leichtsinn (sowohl Pil. שַׁעֲשַׁע als Hithpa. hat nur diese
Bedeutung Jes. 11, 8. Ps. 94, 19. 119, 16. 47. 70), ihr
werdet schon blind werden, näml. vor Erstaunen. Die
letztere Wendung der Bedeutung wird durch den Paral-
lelismus von תְּמָהוּ fast nothwendig. Etwas freyer nach-
ahmen liesse sich die Paronomasie durch: ergetzt euch
nur, ihr sollt euch schon entsetzen.

XXXVIII, 8. Nach der Texteslesart kann nicht an-
ders erklärt werden, als dass אֲשֶׁר יָרְדָה auf den Schatten
bezogen wird. Allerdings ist צֵל sonst nicht Fem., und
deshalb emendirt Olshausen (Emendationen zum A. T.
S. 16. 17) statt בַּשְּׁמֶשׁ — הַשֶּׁמֶשׁ, was mit den letzten Worten des Verses überein stimmt, und übersetzt:

Siehe, ich lasse den Schatten der Stufen (gradus hier f.
horologium), welche (Stufen) die Sonne an den Stufen des Ahas herabgestiegen ist, niederwärts gehen um
zehn Stufen.

L 2

Merkwürdig ist aber, dass in der Originalrelation 2 Kön. 20, 11 der Sonne gar nicht erwähnt ist, und doch das Femininum steht: אֲשֶׁר יָרְדָה, wo man es also auf den Schatten beziehen muss. Warum sollte aber צֵל nicht zu denjenigen leblosen Gegenständen gehören, die der Hebräer auch weiblich behandelte? (s. Lehrgeb. S. 472). Der Schatten, ein Bild der Vergänglichkeit, eignete sich zu dieser Betrachtungsweise (s. Harris Hermes I. S. 38) vorzüglich, und nicht blos der Grieche und Lateiner betrachtet ihn so (σκιά, umbra,), sondern auch im Hebräischen findet sich צִלָּה, wenigstens als Nomen proprium. Zur Emendation ist wenigstens kein hinlänglicher Grund vorhanden.

XLV, 11. Ich verlasse die hier früher (nach Jarchi) gegebene Erklärung, welche den Vers als Frage auffasst, und wähle die unter Andern von Rosenmüller gegebene, die also zu erläutern ist: **Ueber die Zukunft könnt ihr mich befragen**, d. h. ich weiss sie, von mir könnt ihr sie erfahren, weil sie nämlich von mir abhängt, auch werdet ihr das Erwünschteste erfahren, und **ihr dürfet mir die Sorge für meine Kinder nur überlassen**, sofern es mir weder an Macht fehlt, sie zu beglücken (V. 12), noch an Willen, denn schon sind alle Anstalten zum Heil getroffen (V. 13. 14). Imperativ und Futurum stehen als Potentialis. שָׁאַל jem. nach etwas fragen, mit dopp. Acc. (Hagg. 2, 11), und צִוָּה mit dem Acc. der P. und עַל d. S. jem. über etwas setzen, ihm die Sorge für etwas übertragen.

XLVII, 8. Von dem Ausdruck אֲנִי וְאַפְסִי עוֹד ist die unter No. 2 gegebene Erklärung die richtigste. Es ist nicht verschieden von אֲנִי וְאֵין עוֹד ich (bins) und niemand weiter, welche Formel in diesen Kapiteln häufig Gott in den Mund gelegt wird. 45, 5. 6. 18. 22, vgl. V. 21. 46, 9. אַפְסִי ist st. constr. von אֶפֶס, wegen enger

Verbindung mit עוֹד, wie אֵין עוֹד : אֶפֶס aber (eig. schon:
nicht mehr) steht öfter in diesen Stellen parallel mit אַיִן,
hier neben עוֹד eig. pleonastisch: und niemand sonst mehr.
Den Ausdruck, den nur Gott gebrauchen kann, gebraucht
hier die stolze Babel von sich.

XLIX, 3. Das von mir mit I. D. Michaelis kritisch
angezweifelte Wort יִשְׂרָאֵל halte ich jetzt für echt, und
freue mich in dieser Ansicht mit Hrn. Prof. Umbreit (Theo-
logische Studien I, S. 319 ff.) zusammengetroffen zu seyn.
Mit ihm erkläre ich das Wort emphatisch in dem Sinne
des rechten, wahren Israël. „Ihr seyd das (wahre)
Israël, der Theil des Volkes, welcher allein diesen ehrenvollen
Namen verdient, und an dem ich mich verherrlichen will.“
In diesem Sinne kann es trefflich von der Classe der Frommen, Gottesfürchtigen, Knechte Gottes gebraucht werden,
die in diesen Kapiteln so oft von dem Haufen der Gottlosen und Götzendiener geschieden wird. Ich will nur noch,
was von Umbreit nicht geschehen, auch anderswo ähnli-
chen Sprachgebrauch nachweisen. Dahin gehört schon
Hiob 12, 2 der emphatische Gebrauch von עָם: Fürwahr
ihr seyd das Volk, und mit euch stirbt die
Weisheit aus, f. die allein Edlen und Weisen im Volke, vgl. العشيب Lebid. Moall. letzter Vers. Noch näher
kommt Ps. 24, 6, wo nach der Schilderung der Frommen
steht:

$$\text{זֶה דּוֹר דֹּרְשָׁיו}$$
$$\text{מְבַקְשֵׁי פָנֶיךָ יַעֲקֹב ,}$$

und Junius, Geyer, de Wette יַעֲקֹב als Apposition zu dem
vorigen erklären: die echten Jakobiten, die diesen Namen verdienen. Charitative ist יִשְׂרָאֵל dem Volke selbst
in den Mund gelegt Hos. 8, 2: יְדַעֲנוּךָ יִשְׂרָאֵל wir, (dein
geliebtes) Israël, wir kennen dich. Dass man Israël
als Ehrennamen betrachtete, geht unter andern auch daraus
hervor, dass die 10 Stämme bey ihrer Trennung ihn sich

beylegten, und den 2 Stämmen des Davidischen Hauses den blosen Stammnamen Juda liessen, ingleichen dass die Makkabäer, hier die Partey der Frommen, ihn für ihre Münzen hervorsuchte. Im N. T. erinnern wir nur an Joh. 1, 48: ἴδε ἀληθῶς Ἰσραηλίτης, ἐν ᾧ δόλος οὐκ ἔστι, und besonders an Röm. 9, 6: οὐ γὰρ πάντες οἱ ἐξ Ἰσραήλ, οὗτοι Ἰσραήλ· welche Worte geradezu einen Commentar zu den unsern geben. Ueberhaupt möchte es kaum eine Nation geben, die so unbedeutend wäre oder so wenig Nationalgefühl hätte, dass sie nicht ihren Volksnamen gern mit Emphase und so gebrauchte, dass er zugleich gewisse ruhmvolle Eigenschaften in sich schlösse und zum Ehrennamen geworden wäre. Welcher Römer, Deutsche, Britte hielte es nicht für seinen höchsten Stolz, in diesem emphatischen Sinne ein (echter) Römer, Deutscher, Britte genannt zu werden?

XLIX, 24. 25. Der letztere Vers ist nicht als einfache bejahende Antwort auf die in V. 24 enthaltene Frage zu nehmen, denn כִּי zu Anfang von V. 25 ist nie geradezu Partikel der Bejahung, auch sind שְׁבִי צַדִּיק V. 24 und מַלְקוֹחַ עָרִיץ V. 25 nicht geradezu gleichbedeutend (nach subjectiver oder objectiver Auffassung des Genitivs). Die Antwort enthält eine Steigerung und verheisst mehr, als gefragt worden war. „Nicht allein sollen die Tyrannen die entführte Habe der Gerechten (שְׁבִי צַדִּיק) herausgeben, das wäre zu wenig: nein (כִּי), ihre eigene Habe (שְׁבִי גִבּוֹר, מַלְקוֹחַ עָרִיץ) soll als Beute (von den Gerechten) weggeführt werden. כִּי ist hier *imo vero*, und besonders mit dem folgenden גַּם dient es der Steigerung, vgl. Hiob 31, 17: ass ich meinen Bissen allein, und ass nicht der Waise davon? Nein (כִּי — er wuchs mir auf, wie einem Vater — nicht genug, dass ich ihn von meinem Bissen essen liess, ich erzog ihn mit väterlicher Liebe, wie mein eignes Kind. יְמַלֵּט V. 25 aber ist nicht von Rettung der verlornen Habe, sondern von Entführt-

werden, in Sicherheit bringen einer den Tyrannen zu ent-
reissenden Beute zu verstehen.

LII, 14. מָשְׁחַת מֵאִישׁ wohl am besten: so entstellt,
so dass er vom menschlichen Ansehen entfernt, kaum men-
schenähnlich aussieht. Die Bedeutung vor hat מִן nicht
(s. Wörterb. 3te Ausg.) und die Stellen 1 M. 3, 14. 4,
11. (אָרוּר מִן verflucht von) sind nicht analog.

LXIII, 11: וַיִּזְכֹּר יְמֵי עוֹלָם מֹשֶׁה עַמּוֹ. Wenn der
Text richtig ist, so verdient die Erklärung von Horst
(zum Motanabbi Bonn 1823, S. 47) besondere Aufmerk-
samkeit, nach welcher מֹשֶׁה appellativ genommen wird:
Retter (was ja vielleicht auch die Bedeutung des N. pr.
Mose ist), und übersetzt: da gedachte es (Israël) der
alten Tage (und) des Retters seines Volks d. i. Jehova's.